Цюйфуский государственный педагогический университет
Институт иностранных языков
Кафедра русского языка
曲阜师范大学外国语学院俄语教研室
Тюменский государственный университет
Институт гуманитарных наук
秋明国立大学人文科学学院

21世纪大学俄语系列教材

影视俄语
视听教程

Учебное пособие для китайских студентов, изучающих русский язык

主　编　朱玉富　Я.П.波鲁希娜
编　者　史崇文　任立侠　刘　璐　朱泓庚
技术指导　李晓璐　孔　超　孙　刚

Автор текста: Яна Петровна Полухина
Составители словаря: Чжу Юйфу, Ши Чунвень, Жень Лися, Лю Лу, Чжу Хонген
Технические консультанты: Ли Сяолу, Кон Чао, Сун Ган

北京大学出版社
PEKING UNIVERSITY PRESS

图书在版编目(CIP)数据

影视俄语视听教程/朱玉富,Я.П.波鲁希娜主编.—北京:北京大学出版社,2013.8
(21世纪大学俄语系列教材)
ISBN 978-7-301-16725-0

Ⅰ.①影… Ⅱ.①朱…②波… Ⅲ.①俄语－听说教学－高等学校－教材②俄语－阅读教学－高等学校－教材 Ⅳ.①H35

中国版本图书馆 CIP 数据核字(2012)第 205537 号

书　　　名:	影视俄语视听教程
著作责任者:	朱玉富　Я.П.波鲁希娜　主编
责任编辑:	李　哲
标准书号:	ISBN 978-7-301-16725-0/H·3125
出版发行:	北京大学出版社
地　　　址:	北京市海淀区成府路 205 号　100871
网　　　址:	http://www.pup.cn　新浪官方微博:@北京大学出版社
电子邮箱:	zbing@pup.pku.edu.cn
电　　　话:	邮购部 62752015　发行部 62750672　编辑部 62759634　出版部 62754962
印刷者:	北京飞达印刷有限责任公司
经销者:	新华书店
	787 毫米×1092 毫米　16 开本　13.75 印张　1 插页　330 千字
	2013 年 8 月第 1 版　2019 年 5 月第 2 次印刷
定　　　价:	35.00 元

未经许可,不得以任何方式复制或抄袭本书之部分或全部内容。
版权所有,侵权必究
举报电话:010-62752024　电子信箱:fd@pup.pku.edu.cn

前　言

对于俄语专业的学生而言，无论是在俄语课堂上，还是在课外活动中，都应尽可能多地使用俄语日常交际用语。俄罗斯影片、动画片是学习俄语日常交际用语的重要来源之一，这些作品中的很多对白都成了格言。

对于我国的俄语学习者来说，了解俄罗斯故事影片显得更为迫切。观摩此类影片，有助于学习者形成对俄罗斯国情、风俗文化及日常交际的客观印象，扩大俄语词汇量，掌握其中的口语词汇和句型。

编写大学俄语影视教材，影片的选择至关重要。不少俄罗斯电影中的经典作品极富戏剧性或题材严肃，很难为中国大学生观众所理解。这些电影可以在为语言水平较高的学生开设的选修课上或者特定的大学生社团中放映。如若放映带有汉语字幕的俄文电影，其效果更加理想。

选择用于俄语教学的俄文电影的根本目标，是引起并增强学生学习俄语语言、文化的兴趣。因此，影片情节内容要引人入胜（带有喜剧、冒险等故事情节）、人物形象要生动鲜明、台词对白要浅显易懂。这样的电影作品是进行俄语教学的最佳选择。需要指出的是，学习一部完整电影需8至10节课，每堂课学习的只是电影片段，学生们不可能一下子就观看完整部电影。因此，教师应把握情节主线，要始终让学生保持浓厚兴趣。

每部影片的学习都可分为三个阶段：观影准备、影片学习和分析总结。

第一阶段：观影准备。在观影准备阶段需要了解影片基本信息，完成针对影片中难点的习题。

对影片大致情况的介绍一般以两种形式进行：书面形式或教师口头转述的形式（使用俄语还是汉语要取决于学生俄语学习水平）。在这一阶段学生应打好电影理解的基础，了解背景知识，熟悉情节发展的时间地点、演员性格特征等。没有这些知识学生很难形成符合影片内容的正确理解。

此外，语音和词汇练习也有助于影片内容理解和语言学习。此类习题包括以下两种形式：

一是认识并区分词汇、语调的习题。如听读当前片段中出现的词汇（注意重音等发音特点）、听写影片里的重要词汇（听写结束后一定要与正确答案进行对照）、学习各种调型等。

二是学习新词汇、巩固已学词汇的习题。该形式的练习包括对旧词、口语词汇、俗语词和行话等发音释义的辨析，对言语常见用法和固定搭配的熟悉，对所学词汇近义词和反义词的挑选，以及使用重点词汇造句、编对话等。

第二阶段：影片学习。准备阶段工作完成之后，学生就可以开始观看电影，进入影片学习阶段。此阶段为教学的主要阶段，学生需要完成言语和语法练习。言语练习首先能够培养学生听俄语连贯语表达的能力，从而正确理解影片中的独白和对话。此外，言语练习还能锻炼学生记忆所听关键信息、把握句子的中心思想、宏观理解台词大意的能力。

在影片学习阶段可以要求学生完成下列练习：

● 听并跟读电影片段中出现的台词（可以逐词增加句子长度）：Фёдор и Виктор... Фёдор и Виктор поздравляют... Фёдор и Виктор поздравляют своего друга... Фёдор и Виктор поздравляют своего друга, Максима... Фёдор и Виктор поздравляют своего друга, Максима Васильева... Фёдор и Виктор поздравляют своего друга, Максима Васильева с победой... Фёдор и Виктор поздравляют своего друга, Максима Васильева с победой в международном... Фёдор и Виктор поздравляют своего друга, Максима Васильева с победой в международном конкурсе... Фёдор и Виктор поздравляют своего друга, Максима Васильева с победой в международном конкурсе молодых... Фёдор и Виктор поздравляют своего друга, Максима Васильева с победой в международном конкурсе молодых архитекторов).

（费奥多尔和维克多……费奥多尔和维克多祝贺……费奥多尔和维克多祝贺他们的朋友……费奥多尔和维克多祝贺他们的朋友马克西姆……费奥多尔和维克多祝贺他们的朋友马克西姆·瓦西里耶夫……费奥多尔和维克多祝贺他们的朋友马克西姆·瓦西里耶夫获胜……费奥多尔和维克多祝贺他们的朋友马克西姆·瓦西里耶夫在国际获胜……费奥多尔和维克多祝贺他们的朋友马克西姆·瓦西里耶夫在国际大赛中获胜……费奥多尔和维克多祝贺他们的朋友马克西姆·瓦西里耶夫在国际青年大赛中获胜……费奥多尔和维克多祝贺他们的朋友马克西姆·瓦西里耶夫在国际青年建筑师大赛中获胜）

具体方法：

1. 认听并跟读电影片段中的句子，语速先慢，然后逐渐加快。
2. 听句子并从题干中选择能够接续所听内容的句子。
3. 根据影片中双人对话（多人对话）的内容按顺序排列主人公所说的话。
4. 反复观看电影中双人对话（多人对话）的片段。
5. 读双人对话（多人对话），按上下文填空（可讨论不同答案）。再次观看电影片段，确认答案是否正确无误。
6. 根据关键词还原影片段落内容，写下并阅读被还原的段落。
7. 给所听的双人对话（多人对话）配音、背诵并编写类似的对话。配音时可以看着台词，也可以不看。
8. 将已转化为格言的固定表达方式和台词运用于新的语境中。

● 与同伴合作读电影中的问话，不看台词做出应答。例如：«Это же царь Иван Грозный!» — «Не может быть!»

（"这可是伊凡雷帝呀！" ——"不可能！"）

前言

具体方法：

1. 根据电影片段内容回答问题（选择正确答案）。
2. 描绘电影中的主人公，描绘他们的性格、情绪状态和具体行为。
3. 为电影片段想出一个标题并讨论该标题的选择问题。
4. 从文段中找出能概括其大意的一句话。
5. 转述双人对话（多人对话）的内容。
6. 不借助双人对话（多人对话）的台词观看电影片段，了解学生仅凭听力能在多大程度上理解影片中演员所说的话。

此阶段教师不仅要纠正读音、巩固新学词汇，还要讲解影响内容理解的重要表达方式及片中人物的对白，它们经常被运用于俄语口语中，例如：«Пустяки, дело житейское!», «Вы ещё подеритесь, горячие финские парни», «Это я удачно зашёл!»。

（"小事一桩，日子就是得这么过"，"你们还争个没完呀，伙计们"，"我撞上好运啦！"）

第三阶段：分析总结。在分析总结阶段，学生需要完成对电影内容或某些电影片段的转述（不仅仅用第三人称，还可以某位主人公的角色转述）、对电影内容的理解、对影片中人物台词的掌握。教师可以组织学生讨论所看电影，根据所看电影完成作文。

首先，在这个阶段要培养学生语言交际能力，必须让学生学会评述影片中的主人公：形容他的外貌并揭示他的心理特点和社会行为。同时应重视影片中言语表述的特殊之处。这样一来，那些能充分展示主人公个性特征的句子就凸显出来，即使脱离电影中的特定语境，它们也可独立使用并发挥交际功能。例如：«Не учите меня жить, лучше помогите материально», «Меня терзают смутные сомнения», «Ну вы, блин, даёте!», «Танцуют все!» ...)。

（"别给我讲大道理，还不如给我点儿钱"，"我还纳闷哪"，"哎呀，瞧你们干的好事"，"大家都在跳舞"……）

其次，在进行俄语影视课教学时应考虑到学生的俄语学习水平的差异，重视对语言的多角度、全方位学习的方法。

在教授大一学生俄语影视课程时应把讲解复杂的语法结构，如动词完成体—未完成体、形容词和副词的比较级作为重点。观看完影片（动画片）后应要求学生完成一些相应的语法练习。

而对于高年级学生，我们则应把掌握俄语语言固定用法和理解影片内容及影片反映的主题作为教学目标。

教材中所使用的文字资料主要来源于下列作品：俄罗斯动画片《小狮子和乌龟在歌唱》《小猛犸象的妈妈》《小狗汪汪》《小男孩和卡尔松》《普罗村三伙伴》，俄罗斯文艺电影《阿吉丽思·奴娜》《彼得调频》《爱我》《伊万·瓦西里耶维奇改行》《民族狩猎的特征》等。

全书分为两部分：第一部分讲的主要是俄罗斯动画片，适用于一年级俄语学生；第二部分围绕完整的电影作品展开，适用于二、三、四年级俄语学生。每章都有针对一部电影（动画片）的一套习题。本书还附有观影必备的词汇列表。

简言之，本教材旨在提高学生听力、口语及写作水平，扩大学生词汇量，纠正发音并巩固语法知识。

本教材适用于学习俄语的中国高校学生。全书用语规范，简明易懂。使用本教材请按书后提供的下载方式获取配套观影材料、教学课件、练习答案，以便达到应有的学习效果。

由于编者水平有限，疏漏和错误在所难免，诚望读者不吝指正，编者将不胜感激。

编　者

2012年3月于曲阜师范大学

СОДЕРЖАНИЕ

第一部分 Часть первая
Я НА СОЛНЫШКЕ СИЖУ

УРОК 1   Как львёнок и черепаха пели песню 2

УРОК 2   Мама для мамонтёнка 8

УРОК 3   Котёнок гав. История первая. 13

УРОК 4   Котёнок гав. История вторая. 19

УРОК 5   Котёнок гав. История третья. 24

УРОК 6   Малыш и Карлсон 29

УРОК 7   Трое из Простоквашино 33

第二部分 Часть вторая
НЕТ, НЕТ, НЕТ И ЕЩЕ РАЗ... ДА!

УРОК 8   Азирис Нуна 48

УРОК 9   Питер FM 72

УРОК 10   Люби меня 86

УРОК 11   Иван Васильевич меняет профессию 126

УРОК 12   Особенности национальной охоты 159

СЛОВАРЬ 188

第一部分
Часть первая

Я НА СОЛНЫШКЕ СИЖУ

Как львёнок и черепаха пели песню

Действующие лица: автор, Львёнок (маленький лев), Большая Черепаха.

Задание 1. Прочитайте слова. Незнакомые слова переведите со словарём.

Существительные:

Африка, пустыня, глаз (глаза), удовольствие, песня, солнце, носорог, крокодил, песок, ухо, правда, случай, дорога, время.

Прилагательные и причастия:

большой, весёлый, хороший, особенный, закрытый, открытый, красивый, замечательный, новый.

Глаголы:

жить, звать, выходить, погулять, встречать, лежать, мурлыкать, глядеть, подходить, замечать, закрывать, идти, плыть, красться, приподнимать, слышать, шевелить, петь, открывать, нравиться, сидеть, придумывать, любить, бегать, подслушивать, спать, представлять, пробовать, начинать, видеть, катать, закатываться, расставаться, приходить, думать, понимать.

Наречия:

так, однажды, близко, рядом, очень, всё-таки, тогда, сначала, теперь (=сейчас), просто, завтра, хорошо, ещё.

Модальные слова:

надо, мочь, можно, конечно.

Устойчивые словосочетания:

закрыть глаза от удовольствия; в особенных случаях;
мурлыкать (себе) пóд нос = тихонько петь, напевать;
быть по правде (разговорное) = быть на самом деле;

Как львёнок и черепаха пели песню — урок 1

в крайнем случае = в случае необходимости;
в то же время = одновременно;
по дороге = во время пути;
всё время = постоянно.

Задание 2. Обратите внимание на грамматические формы:

не замечая львёнка — форма глагола замечать;
сидя — форма глагола сидеть;
поближе = ближе — форма наречия близко;
давай начнём — императив глагола начинать, приглашение к началу действия.

Задание 3. Обратите внимание на видовые пары глаголов (совершенного и несовершенного вида):

выходить — выйти,
подходить — подойти,
приходить — прийти,
встречать — встретить,
лежать — лечь,
замечать — заметить,
закрывать — закрыть,
петь — допеть,
открывать — открыть,
красться — подкрасться,
приподнимать — приподнять,
нравиться — понравиться,

сидеть — сесть,
придумывать — придумать,
любить — полюбить,
подслушивать — подслушать,
представлять — представить,
пробовать — попробовать,
начинать — начать,
катать — покатать,
закатываться — закатиться,
расставаться — расстаться,
придумывать — придумать,
понимать — понять.

Задание 4. Посмотрите мультфильм. Постарайтесь понять основное содержание.

Задание 5. Прочитайте песню. Проставьте ударение. Пойте песню вместе с героями мультфильма.

Я на солнышке лежу,
Я на солнышко гляжу...
Всё лежу и лежу,
И на солнышко гляжу.
Носорог-рог-рог идёт,
Крокодил-дил-дил плывёт.
Только я всё лежу
И на солнышко гляжу...

Рядом львёночек лежит
И ушами шевелит,
Только я всё лежу
И на львёнка не гляжу.
Я на солнышке лежу,
Я на солнышко гляжу...
Всё лежу и лежу,
И на солнышко гляжу.

ЭПИЗОД 1

Задание 6. Просмотрите и прослушайте эпизод.

Задание 7. Прочитайте выразительно текст эпизода.

Жил в Африке львёнок. Звали его Ррррмяу. Да-да, его так и звали—Ррррмяу.

Вот вышел он однажды погулять по пустыне и встретил Большую Черепаху. Черепаха лежала на солнышке и мурлыкала себе под нос весёлую песенку. Слышите?

Задание 8. Ответьте на вопросы.
1. Где жил львёнок?
2. Как его звали?
3. Куда он пошёл прогуляться?
4. Кого он встретил?
5. Что делала черепаха?

ЭПИЗОД 2

Задание 9. Просмотрите и прослушайте эпизод.

Задание 10. Прочитайте выразительно текст эпизода.

— Какая хорошая песенка! Я подойду поближе!—и он подошёл поближе.

А черепаха мурлыкала себе под нос, не замечая львёнка, потому что глаза у неё были закрыты от удовольствия.

Львёнок подкрался совсем близко, лёг на песок рядом с черепахой и приподнял одно ухо.

— Ну да, чтобы лучше слышать.

Задание 11. Ответьте на вопросы.
1. Что сказал львёнок?
2. Почему черепаха не заметила львёнка?
3. Что сделал львёнок?
4. Зачем он это сделал?

Задание 12. Закончите предложения.

Черепаха мурлыкала...

Вышел он однажды...

Глаза у черепахи...

Львёнок подкрался...

Он приподнял одно ухо...

Как львёнок и черепаха пели песню **урок 1**

ЭПИЗОД 3

Задание 13. Просмотрите и прослушайте эпизод.

Задание 14. Прочитайте текст. Вместо пропусков вставьте нужные слова. Прочитайте выразительно.

Черепаха допела _____ и открыла _____
— Здравствуй! Я—Большая Черепаха. А _____?
— А я _____ Рррмяу. Мне очень _____ твоя _____.
    Я на солнышке _____,
    Я на солнышко _____...
    Всё _____ и _____,
    И на солнышко гляжу.
— Не «_____», а «_____».
— Это ты _____, а я _____.
    Носорог-рог-рог _____,
    Крокодил-дил-дил _____.
    Только я всё _____
    И на солнышко _____...

Задание 15. Придумайте и запишите вопросы к этому эпизоду.

ЭПИЗОД 4

Задание 16. Просмотрите и прослушайте эпизод.

Задание 17. Прочитайте текст. Вместо пропусков вставьте нужные слова.
— И всё-таки надо петь «_____». Это же я придумала!
— Но как я буду петь «_____», если я _____?
— А ты ляг, и тогда всё будет по _____. Ты будешь _____ и петь «Только я всё _____».
— А я не люблю _____, я люблю _____. Ну, в крайнем случае, _____.
— Но ты же _____, когда подкрался ко мне.
— Я _____ только для того, чтобы подслушать _____. Я _____ только в особенных случаях.
— Ну а как же ты _____? Сидя что ли?
— Нет, _____ я лёжа. Но когда я сплю, я же не _____!

— А ты представь себе, что _____ и _____.
— Попробую. Давай начнём сначала.

Задание 18. Ответьте на вопросы.
  1. Что любит львёнок?   2. Когда львёнок спит, он сидит или лежит?

ЭПИЗОД 5

Задание 19. Просмотрите и прослушайте эпизод.

Задание 20. Расположите реплики диалога в правильном порядке.
— Хорошо, попробую.
— А теперь ты пой одна, ведь я не могу петь сам про себя.
— Всё-таки это не по правде. Ведь я сплю с закрытыми глазами и значит солнышко видеть не могу.
— Ой, какая красивая песня! Просто замечательная песня! А теперь покатай меня!
— А ты открой глаза и представь, как будто ты спишь с открытыми глазами и поёшь.

ЭПИЗОД 6

Задание 21. Просмотрите и прослушайте эпизод.

Задание 22. Прочитайте текст. Вместо пропусков вставьте нужные слова.
Когда _____ закатилось, они расстались.
— _____, Большая Черепаха! А ты придумаешь _____ новую _____?
— Конечно, приходи _____!
— Хорошо. До _____!
Он шёл и по _____ всё время думал: «Ну как же это всё-таки можно _____ с открытыми _____ и в то же время ещё _____ песню— _____!»

Задание 23. Ответьте на вопросы.
  1. Что случилось, когда солнышко закатилось?
  2. О чём думал львёнок, когда шёл домой?

Как львёнок и черепаха пели песню **урок 1**

Задание 24. Определите форму глагола (инфинитив, императив, личная форма глагола в настоящем, прошедшем или будущем времени), обратите внимание на образование этих форм.

лечь—лёг—ляг—лежу—лежать; спишь—спать—сплю; петь—пою—пой, выходить—выйти—вышел, люблю—любили—люби.

Задание 25. Образуйте множественное число следующих существительных.

глаз, ухо, пустыня, песня, носорог, дорога.

Задание 26. Образуйте уменьшительно-ласкательные формы от следующих существительных при помощи суффиксов -ышк(о), -ёночек.

солнце, стекло, зерно; кот, лев, слон, крокодил.

Задание 27. Найдите в тексте мультфильма выражения, образованные по конструкции.
  а) **модальное слово + инфинитив.** *Например, «хочу играть»*;
  б) **любить + инфинитив.** *Например, «люблю читать»*;
  в) **чтобы + инфинитив.** *Например, «пришёл, чтобы увидеть»*.
Придумайте свои предложения с этими конструкциями.

Задание 28. Найдите в тексте фразы, которые выражают.
  а) **оценку;** б) **просьбу.**

Задание 29. Озвучьте один из эпизодов на ваш выбор.

Задание 30. Расскажите историю Львёнка, используя следующие слова.

Африка, услышать, увидеть, песня, черепаха, удовольствие, петь, рядом, нравиться, попрощаться, завтра.

Мама для мамонтёнка

Действующие лица: Мамонтёнок, Медвежонок, Дедушка Морж, Обезьянка, Тётушка Бегемотиха, Слониха.

Задание 1. Прочитайте слова. Незнакомые слова переведите со словарём.

Существительные:

север, чудо (мн. ч. чудеса), мамонт, морж, зверь, берег, море, хвост, льдина, корабль, волна, тётушка, приятельница, шуба.

Прилагательные:

удивительный, неизвестный, счастливый, единственный, скорый, лохматый.

Глаголы:

случиться, появляться, проснуться, искать, отправить, пугать, добраться, закричать, потерять, потеряться, прийти, подождать, бояться.

Наречия:

однажды, давно, откуда, потом, непременно, зачем, потихоньку.
Другие части речи: сквозь, который, чтобы, разве, поэтому.

Задание 2. Обратите внимание на грамматические формы.

скорей—сравнительная степень наречия *скоро*;
приехал—прошедшее время и совершенный вид от *ехать*;
услышит—будущее время и совершенный вид от *слышит*;
придёт—будущее время и совершенный вид от *идти*;
найдёт—будущее время и совершенный вид от *находить*.

Задание 3. Определите род этих существительных. Образуйте множественное число.

чудо, мама, морж, зверь, берег, море, нос, ухо, хвост, корабль, волна, ветер, ребёнок, приятельница, шуба, хвостик.

Мама для мамонтёнка урок 2

Задание 4. Проспрягайте эти глаголы в настоящем (будущем) и прошедшем времени.

> видеть, жить, отправить, плыть, добраться, искать, есть.

Задание 5. Прочитайте и постарайтесь запомнить видовые пары глаголов.

случаться—случиться,	отправлять—отправить,
появляться—появиться,	добираться—добраться,
видеть—увидеть,	кричать—крикнуть,
просыпаться—проснуться,	терять—потерять,
искать—найти,	говорить—сказать,
находить—найти,	есть—съесть,
уходить—уйти,	брать—взять.

Задание 6. Посмотрите мультфильм. Постарайтесь понять основное содержание. Расскажите, что вы поняли.

ЭПИЗОД 1

Задание 7. Просмотрите эпизод 1. Заполните пропуски.

Однажды далеко-далеко на _____ случилось удивительное _____. Неизвестно откуда появился _____ мамонтёнок.
— _____!
— Ой-ой!
— Ты куда? Ты _____ не видел?
— _____? А ты кто такой?
— Не _____. Я _____, потом проснулся, а _____ нет.
— Нет, не _____ твою маму. _____?
— _____.
— Пойдём к дедушке моржу. Он всё _____.

Задание 8. Подберите к словам из первой колонки синонимы во второй колонке.

приятельница	произойти
удивительный	необычный
скорый	животные
появиться	обязательно
однажды	подруга
звери	быстрый
случиться	как-то раз
непременно	возникнуть

ЭПИЗОД 2-1

Задание 9. Просмотрите эпизод 2. Заполните пропуски.

— Дедушка-а-а! Дедушка-а-а-а!
— Что? Что _____?
— Посмотри!
— _____?
— Он _____ ищет.
— Ах, чудеса...
— Какие _____?
— _____, очень _____ жили здесь такие звери, но они ушли.
— Куда?
— _____.
— А как же я?
— Ты знаешь, на далёких берегах за тёплыми морями живут звери, у которых _____ носы, _____ уши и есть хвост—всё как у тебя. Мы отправим тебя туда на льдине. Счастливо добраться.
— _____.
— _____.

Задание 10. Прочитайте диалог по ролям выразительно.

Задание 11. Прослушайте песню. Прочитайте текст песни. Проставьте ударения. Спросите преподавателя о непонятных словах и выражениях.

> По синему морю, к зелёной земле
> Плыву я на белом своём корабле.
> На белом своём корабле,
> На белом своём корабле.
>
> Меня не пугают ни волны, ни ветер,-
> Плыву я к единственной маме на свете.
> Плыву я сквозь волны и ветер
> К единственной маме на свете.
> Плыву я сквозь волны и ветер
> К единственной маме на свете.
>
> Скорей до земли я добраться хочу,
> "Я здесь, я приехал!", —я ей закричу.
> Я маме своей закричу,
> Я маме своей закричу...

Мама для мамонтёнка **урок 2**

Пусть мама услышит,
Пусть мама придёт,
Пусть мама меня непременно найдёт!
Ведь так не бывает на свете,
Чтоб были потеряны дети.
Ведь так не бывает на свете,
Чтоб были потеряны дети.

Задание 12. Выучите текст песни. Пойте песню под музыку.

ЭПИЗОД 2-2

Задание 13. Ответьте на вопросы.
1. Что случилось однажды далеко на севере?
2. Зачем Мамонтёнок и Медвежонок пошли к Моржу?
3. Что рассказал Морж?
4. Куда и почему отправили Мамонтёнка Медвежонок и Морж?
5. О чём поётся в песне Мамонтёнка?

ЭПИЗОД 3

Задание 14. Просмотрите эпизод 3. Заполните пропуски.
— Ой, мама.
— Ой, вот это да! Ты откуда взялся—такой _____?
— _____ сказал, что моя мама _____.
— О, такого не может быть! Я всех мам _____ знаю. А зачем тебе мама? Разве ты _____?
— Я маму _____.
— А ты мне нравишься. У меня есть приятельница, пойдём к ней.

Задание 15. Подберите антонимы.

север, потом, прийти, искать, несчастный, причёсанный, найти, проснуться, восток, уйти, юг, неизвестный, потерять, сначала, лохматый, заснуть, знаменитый, счастливый.

Задание 16. Замените выделенные слова антонимами.
Мамонтёнок проснулся на **юге**.
Он был одинокий и **счастливый**.
В конце концов, мамонтёнок **потерял** свою маму.
Ведь так не бывает на свете, чтоб были **найдены** дети.

ЭПИЗОД 4

Задание 17. Просмотрите эпизод 4. Заполните пропуски.

— Тётушка! Тётушка бегемотиха! Тётушка бегемотиха! _____! Вот, он маму _____.

— Я есть хочу.

— На.

— Да ты же слонёнок, только в шубе. Подожди. Я сейчас приду.

— На.

— _____.

— Ой, какой _____!

— Ну и что? Смотри, у него и _____, и _____ — всё как у тебя.

— _____! _____! Здравствуй, _____!

— Здравствуй, сыночек.

— Мама...

Мамонтёнок очень боялся, что мама опять потеряется, поэтому потихоньку взял её за _____.

Задание 18. Придумайте и запишите вопросы к эпизодам 3 и 4.

Задание 19. Образуйте уменьшительно-ласкательные формы при помощи суффиксов -ик, -ёнок.

> мамонт, бегемот, медведь, лев, морж, слон, нос, хвост.

Задание 20. Образуйте форму женского рода.

> слон, бегемот, медведь, лев, морж, обезьяна.

Задание 21. От каких глаголов образованы следующие существительные.

> случай, жизнь, поиск, отправление, испуг, крик, потеря, находка?

Задание 22. Запомните следующие выражения. Придумайте короткие диалоги, используя их.

> Ты кто такой? = Ты кто?
> А как же я? = Что же будет со мной?
> Так не бывает! = Этого не может быть!
> На! = Возьми!
> Вот это да! = Какая неожиданность!

Задание 23. Напишите небольшое сочинение о том, как Мамонтёнок искал маму.

Котёнок гав. История первая.

Действующие лица: котёнок Гав, щенок Шарик, Большой кот, Собака.

Задание 1. Прочитайте слова. Незнакомые слова переведите по словарю.

Существительные:

пушок, двор, неприятность, неизвестность, прятки, тень, малыш, гроза, чердак, сосиска, начало, конец, середина, место.

Глаголы:

лаять, годиться, иметь, советовать, спускаться, оглядываться, ждать, убегать, поиграть, догонять, дразнить, убедиться, прогнать, бояться, обедать, завтракать, делить, начинать, встретиться.

Прилагательные:

подходящий, всякий, собственный, интересный (неинтересный), уверен.

Наречия:

слева, справа, там, тут, почти, теперь, нигде, вниз, ещё, именно, неважно.

Задание 2. Как называют детёнышей этих животных.

кот, медведь, лев, слон, мамонт, собака?

Задание 3. Проспрягайте глаголы.

звать, лаять, ждать, играть, бояться, искать, встречаться.

Задание 4. Обратите внимание на грамматические формы.

самое подходящее—превосходная степень от *подходящий*;
больше—сравнительная степень от *большой*, *много*;

увидишь—будущее время и совершенный вид от *видишь*;

убегайте—повелительное наклонение от *убегать*;

лучше—сравнительная степень от *хороший*;

не слышно—*кто-то чего-то не слышит*;

пойду—форма глагола *идти*;

побоюсь—форма глагола *бояться*.

Задание 5. Запомните выражения.

без оглядки = не оглядываясь;

одни неприятности = только неприятности;

знаешь что = послушай;

просто так = без причины;

всё равно = в любом случае.

Задание 6. Измените следующие существительные по падежам.
двор, неприятность, гроза, сосиска. **Найдите их в тексте и определите падеж.**

Задание 7. Просмотрите вступление. Прочитайте текст.
— Гав! Гав! Гав! Гав!
— Ты чего?
— Гав.
— Чего тебе нужно?
— Мне—ничего.
— А зачем же ты меня зовёшь?
— А я тебя не зову. Это я просто лаю: «Гав».
— А меня так зовут—котёнок Гав.

Задание 8. Ответьте утвердительно или отрицательно.
1. Когда собака лает, она говорит «Гав».
2. Щенок зовёт котёнка.
3. Котёнка зовут Гав.

ЭПИЗОД 1

Задание 9. Просмотрите эпизод 1. Заполните пропуски.
— Так. Значит, это _____ Гав?
— Меня.
— Это очень—это _____. Не годится котёнку иметь такое имя.
— А какое имя _____?
— Самое подходящее имя для _____: Пушок или Мурзик.

Котёнок гав. История первая. **урок 3**

— А мне _____ Гав.
— Я бы не советовал котёнку с таким именем—Гав—спускаться во двор. Котёнка с таким именем во дворе ждут одни неприятности.
— А какие они—эти _____?
— А вот увидишь!
— Они меня _____—эти _____. Я пошёл.

Задание 10. Ответьте на вопросы.
1. Какое имя самое подходящее для котёнка?
2. Что ждёт котёнка во дворе?
3. Почему Гав—нехорошее имя для котёнка?

Задание 11. Напишите диктант. Проверьте себя по ключу.

Задание 12. Прочитайте песенку котёнка.

> Много слева, много справа всяких неприятностей.
> Много неизвестностей и там, и тут.
> Где-то ждут котёнка Гава неприятности.
> А зачем они его ждут?
> Раз, два, три… пять.
> Кто со мной играет в прятки—
> Убегайте без оглядки:
> Я иду искать!

ЭПИЗОД 2

Задание 13. Просмотрите эпизод 2. Заполните пропуски.
— А где же они—эти _____? Никого нет. Здравствуй! Ты, наверное, хочешь поиграть со мной? Что же ты не отвечаешь? Давай я буду _____, а ты _____. А теперь я буду _____, а ты _____. Не догнала, не догнала, не догнала!
— С кем это ты _____?
— С ней.
—Хе-хе-хе, это твоя собственная _____. Она _____ не умеет.
— Не умеет, но она всё _____. А вот _____ нигде нет.

Задание 14. Ответьте на вопросы.
1. С кем играет котёнок Гав?
2. Нашёл ли котёнок неприятности?

Задание 15. Составьте свои предложения со следующими словами.
неприятности, разговаривать, убегать, тень, догонять, собственный.

ЭПИЗОД 3

Задание 16. Просмотрите эпизод 3. Поставьте ударение. Прочитайте текст.
— Эй, ты, малыш, иди-ка сюда.
— Здравствуйте!
— Как тебя зовут?
— Гав.
— Что-о?
— Гав!
— Гав?!
— Гав, Гав.
— Гав-гав?!! Ты ещё дразнишься?
— Ну, друг мой, убедился, что во дворе тебя ждали одни неприятности?
— Нет, не убедился. Я их искал-искал, уже почти нашёл, но меня собака прогнала.

Задание 17. Прочитайте с различной интонацией (вопросительной или утвердительной).
— Гав.
— Что.
— Ты еще дразнишься.
— Убедился.
— Тебя ждали неприятности.

Задание 18. Найдите обращения в тексте эпизода.

ЭПИЗОД 4

Задание 19. Просмотрите эпизод 4. Заполните пропуски.
— Ой-ой-ой! Ой-й-й!!!
— Гав! Гав! Ты где!
— Я тут.

— А что ты делаешь?

— _____.

— А давай _____ вместе.

— Ой! Ой-ой-ой!

— А знаешь что, _____ лучше вниз _____.

— Нет, здесь грозы совсем не слышно, поэтому и _____ неинтересно. Я лучше _____ и снова _____ на чердаке.

Задание 20. Ответьте не вопросы.

1. Что котёнок делает на чердаке?
2. Почему внизу бояться неинтересно?

Задание 21. Придумайте и запишите вопросы к эпизоду.

ЭПИЗОД 5

Задание 22. Просмотрите эпизод 5. Заполните пропуски.

— Это у тебя что?

— _____. А ты тоже идёшь _____?

— Нет, я ещё не могу _____, потому что я ещё не завтракал.

— А хочешь, мы эту _____ вместе _____?

— Хочу! Только как же мы её будем _____?

— Очень просто! Вот тут—начало _____, тут—конец, а вот тут—середина. Я начну есть _____ с начала, а ты с конца.

— Нет, лучше я с _____, а ты с _____.

— Встретимся на _____. Раз! Два! Три!!!

— М-да, что-то мы уж очень быстро встретились. А ты уверен, что _____ _____ была именно на этом месте?

— _____ уже неважно. Всё равно никаких других мест у _____ не осталось.

— Гав. Гав-гав. Гав-гав-гав-гав-гав.

— Это не меня, это они просто так—лают.

Задание 23. Ответьте утвердительно или отрицательно.

1. Гав уже обедал.
2. Гав ещё не завтракал.
3. Котёнок и щенок хотят съесть сосиску вместе.
4. Котёнок съел больше, чем щенок.

Задание 24. Составьте словосочетания, подобрав слова, которые могут сочетаться друг с другом.

> подходящий, убегать, на середине, сначала, неприятности, немножко, одни, начать, собственный, другой, быстро, встретились, велик, без оглядки, съесть, тень, вместе, неинтересно, всякий, бояться, место.

Задание 25. Найдите в тексте мультфильма предложения, образованные по модели глагол + инфинитив (например, «пойдём бояться»). Придумайте свои предложения с этими конструкциями.

Задание 26. Кому из героев мультфильма принадлежат следующие высказывания?
— А зачем же ты меня зовёшь?
— С кем это ты разговариваешь?
— А давай бояться вместе!
— Это тебя зовут Гав?
— Эй, ты, малыш, иди-ка сюда!
— Гав! Гав! Гав!
— Ты еще дразнишься?

Котёнок гав. История вторая.

Задание 27. Прочитайте слова. Незнакомые слова переведите по словарю. Выучите новые слова.

Существительные:

пёс (псы), щенок, намордник, молодёжь, котлета, капелька, живот.

Глаголы:

гоняться за кем-л., твориться, называться, начинать, кусаться, померить, остановиться, получаться, казаться, вырасти, подарить, собираться, спрятать, утащить, оставить.

Прилагательные и причастия:

таков (такой), велик (великий), спрятанный.

Наречия:

честно, всегда, сначала, осторожно, немножко, разве, пока, случайно, совсем, ладно, вдруг.

Задание 28. Найдите ответ. Прочитайте. Запомните выражения.

Куда пошла мама?	Такова жизнь.
Я купил компьютер.	Так нечестно!
Тебе не холодно?	По очереди.
Почему всегда нужно учиться?	В гости.
У нас одна ручка. Как мы будем писать?	Немножко велик.
Пойдём сегодня в кино?	А зачем он тебе?
Как тебе этот костюм?	Ни капельки.
Я пойду гулять, а ты помой посуду.	Ладно.

Задание 29. Образуйте совершенный вид при помощи приставки **по-**.
Пример: *бежать—побежать*.

> мерить—…   дарить—…
> смотреть—…   играть—…

Задание 30. Проспрягайте следующие глаголы совершенного вида в прошедшем и будущем времени.

> захотеть, утащить, съесть, оставить, вырасти.

Задание 31. Образуйте множественное число следующих существительных.

> пёс, щенок, друг, намордник, котлета, молодец.

Задание 32. Образуйте уменьшительно-ласкательные формы следующих существительных.

> пёс, котёнок, котлета, живот, двор.

ЭПИЗОД 1

Задание 33. Просмотрите эпизод 1. Заполните пропуски.
— Псы гоняются за _____. Щенки гоняются за _____. Так всегда было и так всегда будет. Такова жизнь. Понятно тебе, друг мой?
— Нет, _____.
— Почему я должен всё время _____ за тобой? Так _____! Надо по очереди: сначала я за тобой.
— Ты за мной. Я за тобой.
— Ты за мной.
— Ты за мной. Я за тобой.
— Что творится! Котёнок гонится за щенком! Так не бывает!

Задание 34. Ответьте на вопросы.
1. Кто гоняется за котами?
2. Как хочет гоняться щенок?

Котёнок гав. История вторая. **урок 4**

Задание 35. Придумайте короткие диалоги, используя следующие фразы.

Так нечестно!	Так не бывает!	Понятно тебе?
Такова жизнь!	Что творится!	

ЭПИЗОД 2

Задание 36. Просмотрите эпизод 2. Заполните пропуски.

— Это _____ намордник. Ой, какой _____, правда?
— _____, это я, Гав.
— Мой друг очень хочет _____ Ваш _____. Можно?
— Что он говорит?
— Он говорит... он говорит, если осторожно, _____.
— _____!
— Что вы делаете? Что вы делаете?! Остановитесь! Молодёжь, остановитесь!
— Ну как, получается?
— Почти. Кажется, он тебе _____.
— Хочешь ко мне _____?
— Хочу.
— Ой, когда я вырасту, мне тоже подарят _____!
— А _____ он тебе?
— Чтобы я не _____.
— А разве ты собираешься _____?
— Нет, не собираюсь.
— Ну значит и _____ тебе не _____.
— А-а, это я пока _____ не _____, а когда вырасту— может мне и захочется.

Задание 37. Ответьте утвердительно или отрицательно.

1. На собаке надет намордник.
2. Котёнок хочет померить намордник.
3. Намордник немножко велик щенку.
4. Щенок хочет кусаться.
5. Щенок будет кусаться, когда вырастет.

Задание 38. Слушайте фразы. Повторяйте их за преподавателем. Проверьте себя по ключу.

ЭПИЗОД 3

Задание 39. Просмотрите эпизод 3. Заполните пропуски.
— Здравствуй!
— Здравствуй!
— Гав, ты случайно не _____?
— Нет, спасибо, _____.
— Совсем-совсем _____?
— Ни капельки.
— Тогда _____, _____, чтоб никто не утащил мою _____. Я немножко поиграю _____, а потом приду и _____ свою котлетку, ладно?
— _____.
— А-а! _____!
— А-ах! Ой-ой-ой-ой!
— Котлета! Котлета. Котлета-котлета. Котлета!
— Гав, где моя _____?! Ты где оставил её?
— Я её _____.
— А-а. Молодец. А вдруг её кто-нибудь _____?
— Нет, её никто не _____. Я её очень хорошо _____.
— Да? А куда ж ты её _____?
— Вот сюда—в животик.

Задание 40. Ответьте на вопросы.
1. Хочет ли котёнок есть?
2. О чём щенок попросил котёнка?
3. Где котёнок спрятал котлету?

Задание 41. Просмотрите концовку. Прочитайте текст.
— Гав! Гав-Гав! Гав-Гав! Гав!
— Это ты просто так, лаешь?
— Нет, это я тебя зову поиграть.
— Иду!

Задание 42. Преобразуйте прямую речь в косвенную (используйте глаголы. спросить, поинтересоваться, удивляться, воскликнуть, ответить).
Например:
—Понятно тебе, друг мой?
Кот спросил котёнка, понятно ли ему.

— Значит, это тебя зовут Гав?
— Нет, её никто не найдёт

Котёнок гав. История вторая. урок 4

— Гав, где моя котлета?
— Кажется, он тебе немножко велик.
— Котёнок гонится за щенком!
— Гав, ты случайно не хочешь есть?
— Я немножко поиграю во дворе.

Задание 43. Запомните названия падежей. Просклоняйте следующие существительные:

Именительный	*Родительный*	*Дательный*
щенок	щенка	щенку
намордник		
молодёжь		
животик		
котлета		
Винительный	*Творительный*	*Предложный*
щенка	щенком	о щенке

Задание 44. Определите форму глагола (инфинитив, императив, личная форма глагола в настоящем, прошедшем или будущем времени).

гоняются—гоняться—гонится, собираться—собираешься—собираюсь, посмотрю—посмотреть—посмотрим—посмотри—посмотрел.

Задание 45. Изменяйте следующие прилагательные по лицам и числам:

он	понятный	маленький	красивый
она			
оно			
они			

Задание 46. Найдите в тексте словосочетания *наречие + глагол* (например, *всегда было*). Составьте предложения с такими словосочетаниями.

Задание 47. Подумайте и ответьте на вопросы:
 1. Почему псы гоняются за котами?
 2. Зачем собаки кусаются?
 3. Где кот может спрятать котлету?

Котёнок гав. История третья.

Задание 48. Прочитайте слова. Незнакомые слова переведите по словарю. Выучите новые слова.

Существительные:

подробность, мышка, полчаса, колесо, яичница, шар, воздушный шарик.

Глаголы:

забыть, подождать, помнить, вспомнить, пристать, остаться, кричать, лопнуть.

Прилагательные и причастия:

главный, похож (похожий), незваный, невоспитанный, круглый, целый.

Наречия:

сразу, вовремя, рано, поздно, никогда.

Другие части речи:

пусть, наверное, брысь, никто, кто-нибудь.

Задание 49. Проспрягайте следующие глаголы совершенного вида в прошедшем и будущем времени.

позвать, забыть, вспомнить, лопнуть.

Задание 50. Образуйте множественное число следующих существительных.

кот, котёнок, кошка, мышка, гость, яичница, шарик, имя.

Задание 51. Запомните следующие выражения.

Вон отсюда! = Быстро уходите!
Приятного аппетита! (пожелание во время еды)

Котёнок гав. История третья. **урок 5**

ЭПИЗОД 1

Задание 52. Просмотрите эпизод 1. Заполните пропуски.
— Вот меня все так и _____: _____ Гав.
— А меня _____?
— А ты разве _____?
— _____, но забыл.
— Подожди, я сейчас.
— Совсем-совсем _____?
— Нет-нет-нет, подробности _____, а вот самое главное—как меня зовут — _____.
— А как же ты теперь будешь?
— _____.
— А я _____. Пусть тебя кто-нибудь _____, и ты сразу вспомнишь, _____.

Задание 53. Ответьте на вопросы.
1. Что забыл щенок?
2. Есть ли у щенка имя?
3. Как узнать, как зовут щенка?

ЭПИЗОД 2

Задание 54. Просмотрите эпизод 2. Заполните пропуски.
— _____!
— Ш-ш-ш-ш!
— _____...
— Ш-ш!
— _____.
— Ч-ш-ш!
— Меня, меня.
— Ой, что это он делает?
— _____.
— А в какую игру?
— _____.
— А он кто, _____ или _____?
— Наверное, он _____.
— Нет, он _____.
— Я не _____, _____?!
— По-по-по-по-понятно.

25

— Разве я похож на _____?
— Нет, совсем не похож.
— Он не _____, он _____.
— Я не _____!
— Да он не _____, а _____.
— Я не _____ и не _____! Я кот! Кот! Чёрный кот! Я кот! Чёрный кот! Кот! Понятно?! Я кот: не _____, не _____ — кот-кот-кот!
— Кто вас сюда звал, кто?!
— Никто.
— Тогда вон отсюда! Брысь, брысь, брысь!
— А ты говорил, что он меня _____. Вот так _____.
— _____. Вот! Вот кто тебя _____.

Задание 55. Ответьте утвердительно или отрицательно.
1. Кот играет в игру.
2. Котёнок просит позвать его.
3. Кот похож на мышку.
4. Кот не звал котёнка и щенка.
5. Кот прогнал котёнка и щенка.

Задание 56. Запомните выражения. Составьте небольшие диалоги, используя их.

Ни за что!	Что ты!
Шарик лопнул.	Знаю, но забыл.
А как же ты теперь будешь?	

ЭПИЗОД 3

Задание 57. Просмотрите эпизод 3. Заполните пропуски.
— Здравствуйте!
— _____.
— Почему это _____ всегда _____ не вовремя.
— Пожалуйста, позовите его.
— Ну почему бы _____ не _____ на полчаса раньше
— Ну пожалуйста.
— ...Или ещё лучше — на _____ позже. Приходят тут...
— Мы не _____!
— Нет вы гости!
— Чего-чего?

— Что-что?
— Нет вы _____! Ну чего вы пристали ко мне...
— А мы не _____.
— Нет вы _____, вы незваные, незваные...
— А вы его позовите!
— Позовите меня!
— Нет, нет, нет! Ни за что! _____!
— Позовите меня.
— Такого невоспитанного— _____.

Задание 58. Придумайте и запишите вопросы к этому эпизоду.

Задание 59. Подберите синонимы к следующим словам и выражениям:

| 30 минут | некультурный | может быть | детали |
| самый важный | тотчас | Брысь! | |

ЭПИЗОД 4

Задание 60. Просмотрите эпизод 4. Заполните пропуски.

— Нет, наверное меня никто никогда никуда не позовёт. Я останусь совсем-совсем без имени. А знаешь, какое у меня было хорошее имя?
— А _____ оно у тебя было?
— А такое, вот такое—такое _____ и _____.
— Хм, _____? _____!
— Нет.
— Колесо?
— Что ты! Нет.
— Знаю, _____!
— Какая _____?
— Круглая.
— Нет, не _____, не _____.
— Шарик, шарик!
— Ах, слышишь?
— Слышу, они кричат «_____».
— _____. А-а-ах... Вспомнил! Вспомнил-вспомнил-вспомнил!
— _____!
— Это я, это я _____!

Задание 61. Ответьте утвердительно или отрицательно.

1. У щенка было очень хорошее имя.
2. Щенка звали Солнышко.
3. Щенка звали Яичница
4. Щенка звали Шарик.

ЭПИЗОД 5

Задание 62. Просмотрите эпизод 5. Заполните пропуски.
— Шарик лопнул!
— Гав, скажи мне честно, я _____?
— Нет, ты не _____.
— Это ты хорошенечко посмотри: нигде не _____?
— Нигде. Нигде не _____.
— А они кричали «_____».
— Так это не ты _____, это _____ тот шарик—воздушный.
— Значит я другой _____.
— Другой.
— Целый _____!
— Целый!
— Хааааа-ха-ха! И у меня теперь есть имя _____! Я _____!
Ой, я— _____!
— Он— _____.

Задание 63. Ответьте на вопросы.
1. Что случилось с шариком?
2. О чём Шарик спросил Гава?
3. Что кричали ребята?

Задание 64. Расскажите о приключениях Гава своими словами.

Задание 65. Образуйте отрицательные наречия от следующих.

куда, кто, где, зачем, когда, почему, что, с кем.

Задание 66. Образуйте форму сравнительной степени (*например, рано—раньше*) следующих наречий.

много, мало, поздно, хорошо, плохо, красиво.

Задание 67. Найдите в тексте предложения с наречиями *наверное, совсем, сразу, разве*. Придумайте свои предложения с этими наречиями.

Задание 68. Придумайте и запишите продолжение истории про котёнка Гава.

Малыш и Карлсон

(мультфильм по одноимённой книге «Астрид Линдгрен»)

Задание 1. Посмотрите мультфильм. Постарайтесь понять основное содержание.

Задание 2. Прочитайте и выучите следующие слова и выражения.

приземлиться = сесть на землю	вдребезги = на мелкие части
строго-настрого запретила	гадкий
противный	как я себя чувствую
горы шоколада = много шоколада	кулёк конфет
варенье	давить (на что)
всю шею отсидел	тяжело больной
лекарство	гулять по крышам
искать приключений	повезло с погодой
левее	

жулик—1. Вор, который занимается мелкими кражами. 2. Плутоватый человек, склонный к мошенническим проделкам, к обману.

начинать воспитательную работу	привидение с мотором
дикое, но симпатичное	орать = кричать
похохотать = посмеяться	бросать бельё
лучшее средство от жуликов	пожарники
карабкаться = лезть	задержаться
напугать (кого)	упасть с крыши
потерять (кого)	огорчиться = расстроиться
ни за какие сокровища	сто тысяч миллионов
дурачок	пугаться = бояться
наличные = наличные деньги	щенок = маленькая собака
похоже = видимо	появился на свет
крошка	День варенья—день рожденья
Пирог с восемью свечками (свечка)	

Задание 3. Прочитайте с правильной интонацией.
— А нельзя ли вообще обойтись без драки?
— Не в пирогах счастье!

— Боже мой!
— Я так не играю!
— Подумать только! (Надо же! Удивительно!)
— Это помогает? (Это средство помогает вылечить болезнь?)
— Свершилось чудо! (произошло чудо)
— Они замышляют зловещее преступление на крыше!
— Спокойствие, только спокойствие!
— Что вы орёте?
— Мне подарили собаку!

Задание 4. Просмотрите и прослушайте эпизод.
— Простите, у вас можно здесь приземлиться?
— Чего?
— Что-что! Посадку давай! Ты что не видишь...
— Садитесь, пожалуйста!
— Так. Продолжаем наш разговор. Как тебя зовут?
— Меня?
— Ну не меня же! Тебя!
— Малыш!
— Ох, Малыш... Нет, надо вот так. Как меня зовут? Карлсон, который живёт на крыше!
— Хорошо?
— Да.
— Но ты меня можешь звать запросто... просто Карлсон. Ну, привет, Малыш!
— Привет, Карлсон!
— Ну вот. Продолжаем разговор. Сколько тебе лет?
— Семь.
— Что? Семь!?
— А что?
— А я думал—восемь. Ну что ты смотришь на меня? Ну почему ты меня не спросишь, сколько мне лет?
— Ой, прости, пожалуйста. Сколько тебе лет?
— Я мужчина хоть куда, в полном расцвете сил.
— Да? А в каком возрасте бывает этот... расцвет сил?
— Ну знаешь... Не будем об этом говорить.
— А можно мне нажать?
— Валяй! Жми! ...Стоп! У тебя варенье есть?
— Есть.
— Тащи!
— Опять жать?

— Жми!

— Малыш! Со мной не соскучишься!

— Что ж ты делаешь?

— Да это я шалю, то есть балуюсь.

— А она же упадёт.

— Спокойствие! Только спокойствие! Она всё-таки упала! Честное слово! Она упала! Ты видел? Раз—и вдребезги!

— И вдребезги! Вот интересно! Только что скажет мама?

— Ну, мама... Это дело-то житейское. Да, а потом я завтра дам тебе 10 тысяч люстр. Давай пошалим сейчас, а?

— Представляю, как рассердится папа.

— Папа? А что папа? Да? Я полетел.

— Спокойствие! Только спокойствие!

— А что здесь случилось?

— Да пустяки, дело-то житейское...

— Да, и принесёт 10 тысяч люстр.

— Ну нет, братец, за свои поступки надо отвечать.

— И не сваливать свою вину на какого-то Карлсона.

— Во! Правильно, папа. Ну пойдём в кино, а то же мы опоздаем. Эх, ты...

— Мам, слушай-ка. Вот мой братец-то вырастет, ну женится, ну умрёт. А мне что, потом надо будет жениться на его старой жене?

— Почему? Ну всё-таки?

— Я же донашиваю его старые пижамы, коньки, велосипед, всё остальное донашиваю...

— Обещаю тебе, что от его старой жены я тебя избавлю.

— Это хорошо, но вообще-то мне гораздо больше хотелось бы иметь собаку, чем жену.

Задание 5. Прочитайте диалоги эпизода по ролям.

Задание 6. Придумайте небольшой рассказ, используя глаголы в сослагательном наклонении. Начните его словами.

> *Если бы у меня был такой друг, как Карлсон, я бы...*

Задание 7. Ответьте на вопросы.

1. Кто такой Малыш?
2. Какая у него семья?
3. Почему он часто бывает грустным?
4. Как зовут его нового друга?

5. Какой характер у Карлсона? Как он выглядит?
6. Почему Малыша наказали?
7. Зачем Малыш и Карлсон полетели на крышу?
8. Что произошло в домике Карлсона?
9. Зачем Малыш и Карлсон пошли гулять по крышам?
10. Кого они встретили на крыше?
11. Что сделал Карлсон?
12. Чем закончилась прогулка?
13. Какой праздник был у Малыша?
14. Что ему подарили?
15. Почему он расстроился?
16. Почему Карлсон улетел?
17. Какие слова часто повторяет Карлсон?
18. Хотели бы вы иметь такого друга, как Карлсон? Почему?

Задание 8. Расположите предложения в правильном порядке.

Карлсон заболевает.
Мама наказывает Малыша.
Малыш встречает щенка.
Семья Малыша уходит в кино.
Малыш празднует день рождения.
Малыш и Карлсон летят на крышу.
Карлсон выздоравливает.
Малыш и Карлсон идут гулять по крышам.
Малыш дерётся с хозяином щенка.
Малыш и Карлсон встречают жуликов.
Карлсон воспитывает жуликов.
Малыш возвращается домой.
Малыш знакомится с Карлсоном.

Задание 9. Опишите Малыша и Карлсона: как они выглядят, какой у них характер, что они любят делать, о чём мечтают.

Задание 10. Напишите небольшое сочинение о дружбе Малыша и Карлсона.

Трое из Простоквашино

(по мотивам повести Эдуарда Успенского «Дядя Фёдор, пёс и кот»)

Действующие лица: Дядя Фёдор, Кот Матроскин, пёс Шарик, папа, мама, почтальон Печкин, галчонок Хватайка.

Задание 1. Прочитайте слова. Незнакомые слова переведите со словарём.

> Бутерброд, колбаса, кверху, чердак, видно, ремонтировать, прогнать, заступиться, пахнуть, притащить, польза, обязательно, например, дырка, обои, ловить, завести, важен, выбирать.

Задание 2. Прочитайте и запомните эти выражения.

Как тебя звать? = Как тебя зовут?	кошачий дух = запах кошки
Откуда ты знаешь? = Как ты узнал?	не иначе как = наверное
пошли = пойдём = давай пойдём	Ну и что? = Что это значит?

Задание 3. Проспрягайте следующие глаголы в будущем времени.

> получиться, пойти, прогнать, заступиться.

ЭПИЗОД 1

Задание 4. Просмотрите эпизод 1. Прочитайте текст эпизода.

— Неправильно ты, дядя Фёдор, бутерброд ешь. Ты его колбасой кверху держишь, а надо колбасой на язык класть—так вкуснее получится.

— А откуда ты знаешь, что меня дядей Фёдором звать?

— Я в нашем доме всех знаю. Я на чердаке живу, мне всё видно. Кот Матроскин меня зовут — это фамилике такое. Только сейчас мой чердак ремонтируют и мне жить негде. Дядя Фёдор, а у тебя только один неправильный бутерброд был?

— Дома ещё есть. Хочешь, пошли ко мне жить?

— Меня мама твоя прогонит...
— Хо, ничего, не прогонит. Может, папа заступится.

Задание 5. Найдите ошибку в словах кота Матроскина. Как сказать правильно?

Задание 6. Прочитайте диалог выразительно. Проставьте ударения.

Задание 7. Ответьте на вопросы.
1. Как, по мнению кота, нужно правильно есть бутерброд?
2. Как зовут мальчика?
3. Как зовут кота?
4. Сколько у мальчика бутербродов?

Задание 8. Образуйте форму совершенного вида от следующих глаголов:

> притаскивать—...   мешать—...
> думать—...   загораживать—...
> ловить—...   заводить—...
> выбирать—...   смотреть—...

Задание 9. Слушайте и повторяйте слова из эпизода 2, обратите внимание на звуки [Ж], [Ч'], [Ш], [Щ'].

> загораживает, может, важен, кошачьим, не иначе, ну и что, не помешает, мышей, притащил.

ЭПИЗОД 2

Задание 10. Просмотрите эпизод 2 один раз. Как вы поняли, о чём идёт речь в эпизоде?

Задание 11. Просмотрите эпизод 2 снова. Заполните пропуски.

— Что-то у нас кошачьим духом _____. Не иначе как _____ Фёдор _____ притащил.

— Ну и что: _____ нам не помешает.

— Ну, тебе _____, а мне _____. Ну ты сам подумай, какая от этого кота _____?

— Ну, почему обязательно _____? Какая, например, _____ от этой _____ на стене?

— От этой _____ на стене очень большая _____: она дырку на обоях загораживает.

— Ну и что, и от кота будет _____. Он _____ ловить может.

— У нас нет _____!

— А мы заведём!

— Ну если тебе этот _____ так важен — пожалуйста, _____: или он, или я.

— Ну-ну-ну, я тебя _____. Я с тобой уже _____ _____, а этого _____ первый раз вижу.

Задание 12. Ответьте на вопросы.
1. Почему в квартире пахнет кошачьим духом?
2. Кому помешает кот?
3. Какая польза от картины?
4. Что может делать кот?
5. Кого выбрал папа дяди Фёдора?

Задание 13. Прочитайте диалог выразительно. Проставьте ударения. Прочитайте диалог по ролям с соседом.

Задание 14. Выучите диалог наизусть. Рассказывайте диалог по ролям с партнёром, глядя на изображение без звука.

ЭПИЗОД 3

Задание 15. Прочитайте слова. Незнакомые слова переведите со словарём.

Зверь, всякий, разрешать, уезжать, деревня, охранять, прибегать, хозяйство, обзавестись, помолчать, мешать, свободный, показать, переехать, печка, кухня, втроём, породистый.

Задание 16. Прочитайте и запомните эти выражения.

Ещё чего! — невежливый отказ
Давай узнаем!
Очень приятно!

Задание 17. Ответьте на следующие реплики фразами из предыдущего задания.

— Мы совсем не знаем, как называется эта книга.

— _____

— Меня зовут Иван Семёнович Васильков.
— _____

— Пойди и принеси мой словарь.
— _____

Задание 18. Просмотрите эпизод 3. Прочитайте текст эпизода.

Дорогие мои родители, папа и мама, я вас очень люблю, но и зверей я тоже люблю...
— Особенно всяких кошек.
— Да.
... а вы не разрешаете мне их заводить. Поэтому я уезжаю в деревню и буду там жить. Ваш сын дядя Фёдор.
— И кот.

Задание 19. Образуйте сравнительную степень от следующих прилагательных и наречий.

> хорошо, свободный, большой, весёлый, простой, приятно.

Задание 20. Образуйте слова при помощи приставки пол — в значении «половина» (например, год—полгода). Обратите внимание на написание этих слов.

> бутерброд—...　　печка—...
> собака—...　　　кухня—...
> домик—...　　　огород—...
> язык—...　　　　чемодан—...

ЭПИЗОД 4

Задание 21. Просмотрите эпизод 4. Заполните пропуски.

— Здравствуйте. Возьмите меня к себе _____. Я вам буду всё охранять.
— Ещё чего! Мы сами нигде не _____. Ты к нам через год _____, когда мы хозяйством обзаведёмся.
— Ты, Матроскин, помолчи. _____ ещё никому не мешала. Давай лучше узнаем, нет ли в _____ свободного домика.
— Да есть, есть! Я вам один дом покажу—там никто не _____. Хозяева за реку _____.
— А _____ там есть?
— О-о! В полкухни! Ну что, _____ меня к себе _____, или мне потом _____ —через год?

— _____. _____, втроём веселее. Тебя _____?

— _____. Я из простых собак, не из породистых.

— А меня дядя Фёдор _____, а кота _____.

— Фамилие такое.

— _____.

Задание 22. Исправьте ошибки в следующих утверждениях.

1. Мальчик и кот привезли в деревню собаку.
2. Собака охраняет деревню.
3. Мальчик и кот будут жить в деревне через год.
4. Собаку зовут Фёдор.
5. Мальчик, кот и собака хотят построить дом.
6. В новом доме нет печки.
7. Шарик — очень породистая собака.
8. Имя кота — Матроскин.

Задание 23. Опишите характер дяди Фёдора. Как вы думаете: почему мальчика называют не Федя (Фёдор), а дядя Фёдор?

ЭПИЗОД 5

Задание 24. Прочитайте слова. Незнакомые слова переведите со словарём.

> Попадать, собственный, чей-нибудь, интересоваться, милиция, почтальон, разносить, выписывать (газету, журнал), охота, экономить, умереть, занять (деньги), продать, сначала, клад, склад.

Задание 25. Прочитайте и запомните эти выражения.

> Будьте здоровы! — пожелание здоровья
> сам по себе = самостоятельный, ни от кого не зависящий
> надо бы (сделать что) = было бы хорошо (сделать что)
> Где денег взять? = Где найти деньги?

Задание 26. Слушайте и повторяйте слова из эпизода 5, обратите внимание на звуки [Р], [Ч'], [Л], [Л'].

> будьте здоровы, например, про охоту, чей, мальчик, чьи-нибудь, приехал, Мурзилку, обязательно, почтальон, из милиции.

Задание 27. Просмотрите эпизод 5. Прочитайте текст эпизода.

— Будьте здоровы!
— Спасибо.
— А ты, мальчик, чей? Ты откуда к нам в деревню попал?
— Я ничей, я сам по себе мальчик. Свой собственный. Я из города приехал.
— Так не бывает, чтоб дети сами по себе были. Дети обязательно чьи-нибудь.
— Это почему не бывает? Я, например, кот—сам по себе кот, свой собственный.
— И я свой собственный.
— А Вы, собственно, почему интересуетесь? Вы не из милиции случайно?
— Нет, я не из милиции. Я из почты. Я почтальон тутошний, Печкин. Поэтому я всё должен знать, чтоб почту разносить. Вы, например, что будете выписывать?
— Я буду «Мурзилку» выписывать.
— А я про охоту что-нибудь.
— А я ничего не буду. Я экономить буду.

Задание 28. Ответьте на следующие реплики фразами из эпизода.

— Будьте здоровы!
— _____
— А ты, мальчик, чей?
— _____
— Так не бывает.
— _____
— А почему Вы интересуетесь?
— _____
— Что Вы будете выписывать?
— _____

ЭПИЗОД 6

Задание 29. Просмотрите эпизод 6. Заполните пропуски.

— Что это мы всё без _____ и без _____? Так и умереть можно. Надо бы корову _____.
— Надо бы, да _____?
— А может занять у соседей.
— А чем _____ будем? _____ надо.
— А _____ будем молоком.
— Если молоко _____, зачем тогда корова?
— Значит, надо что-нибудь _____.
— А что?

— А что-нибудь _____.
— Чтобы _____ что-нибудь _____, нужно сначала _____ что-нибудь _____, а у нас денег нет.
— А давай, Шарик, мы тебя _____.
— Это как так: меня?
— Никого мы _____ не будем. Мы пойдём _____ искать.
— Ура! А что такое _____?

Задание 30. Ответьте на вопросы.

1. Зачем нужна корова?
2. Где предлагают Шарик и Матроскин найти деньги?
3. Что будут искать дядя Фёдор, Матроскин и Шарик?

Задание 31. Прочитайте диалог выразительно. Выучите диалог наизусть. Рассказывайте диалог по ролям с партнёром.

ЭПИЗОД 7

Задание 32. Прочитайте слова. Незнакомые слова переведите со словарём.

> Додуматься, огород, кость, отдать, попадаться, галка, галчонок, олимпийский, украсть, поликлиника, сдать, опыт (научный), вылечить, сундук, везти, ясно, чемодан.

Задание 33. Прочитайте и запомните эти выражения.

> ходить за грибами = искать в лесу грибы
> Ясно Вам? = Понятно Вам?

Задание 34. Образуйте форму совершенного вида от следующих глаголов.

> додумываться—...   попадаться—...
> покупать—...   красть—...
> отдавать—...   сдавать—...
> лечить—...   учить—...

Задание 35. Просмотрите эпизод 7. Прочитайте текст эпизода.

— И как это я сам не додумался про клад? Теперь корову купим, и в огороде можно не работать. Мы всё можем на рынке покупать.

— И в магазине. Мясо лучше в магазине покупать.
— Почему?
— Там костей больше.
— Ур-ра-а-а-а-а-а!!! Склад!

Задание 36. Ответьте на вопросы.
1. Почему можно не работать в огороде?
2. Где лучше покупать мясо?

ЭПИЗОД 8

Задание 37. Просмотрите эпизод 8. Заполните пропуски.

— Отдай! Отдай! Отдай! _____! Этот галчонок у меня _____ олимпийский украл. Его надо в _____ сдать для опытов.
— Нельзя его в _____ сдавать. Мы его вылечим и _____ _____ научим.
— А чего это вы в сундуке везёте?
— Это мы _____ ходили, _____?
— Конечно, _____ чего ж тут неясного. Они б ещё с чемоданом пошли.

Задание 38. Ответьте утвердительно или отрицательно.
1. Птица украла у почтальона Печкина рубль.
2. Галчонка будут учить разговаривать.
3. Дядя Фёдор, Шарик и Матроскин ходили за грибами.

Задание 39. Расскажите о характерах Матроскина и Шарика. Какое они производят впечатление? Кто вам нравится больше? Почему?

ЭПИЗОД 9

Задание 40. Прочитайте слова. Незнакомые слова переведите со словарём.

> Виноват, избаловать, напечатать, приятель, мешок, жмурки, пропадать, еле-еле, глупость, разыскать, заметка, метр, сообщить, зря, кормить, чужой, стучать, воровать.

Задание 41. Прочитайте и запомните эти выражения.

> приносить пользу = быть полезным
> Кто там? — спрашивают перед тем, как открыть дверь
> заработать = 1) работать и получить деньги, 2) начать работать.

Задание 42. Образуйте форму несовершенного вида от следующих глаголов.

> разрешить—…   устать—…
> избаловаться—…   сказать—…
> уйти—…   напечатать—…
> пропасть—…   сообщить—…

Задание 43. Просмотрите эпизод 9. Прочитайте текст эпизода.

— Это ты виноват: всё ему разрешал. Он и избаловался.

— Просто он зверей любит. Вот и ушёл с котом. Надо чтобы в доме и собаки были, и кошки, и приятелей целый мешок, и всякие там жмурки-пряталки. Вот тогда дети не станут пропадать.

— Тогда родители пропадать начнут. Потому что я без того на работе устаю. У меня еле-еле сил хватает телевизор смотреть. И вообще ты мне свои глупости не говори. Ты лучше скажи, как нам мальчика разыскать.

— Надо заметку в газету напечатать, что пропал мальчик—зовут дядя Фёдор, рост метр двадцать, если кто увидит—пусть нам сообщит.

Задание 44. Ответьте на вопросы.

1. Почему дядя Фёдор уехал в деревню?
2. Что нужно делать, чтобы дети не пропадали?
3. Как разыскать мальчика?

Задание 45. Вставьте в предложения подходящие слова из эпизода 9.

1. В школе у детей часто _____ вещи.
2. В том, что мальчик непослушный, _____ его папа.
3. Сегодня по _____ показывали новый фильм.
4. Милиция не знает, как _____ преступника.
5. В журнале _____ статью о студентах.

ЭПИЗОД 10

Задание 46. Просмотрите эпизод 10. Прочитайте текст эпизода.

— Ой, чёй-то мы зря его кормим. Пусть пользу приносит. Ну, скажи: «Кто там?». Кто там? Ну скажи: «Кто там, кто там, кто там?»

— Что тебе, делать нечего. Ты б его лучше песне какой выучил или стихотворению.

— Песни и я сам петь могу, только от них пользы нету.

— А от твоего «ктотама» какая польза?

— А такая!

— Какая?

— Придёт чужой человек, когда нас дома нет...

— Ну?

— ... начнёт в дверь стучать—галчонок спросит: «Кто тама?» Человек подумает, что кто-то у нас дома есть и ничего у нас воровать не станет, ясно тебе?

— Кто там? Кто там?

— Ур-ра-а-а-а!!! Заработало!

Задание 47. Ответьте на вопросы.

1. Когда говорят «Кто там?»?
2. Для чего Матроскин учит галчонка разговаривать?

Задание 48. Образуйте прилагательные от следующих существительных.

> бутерброд, колбаса, чердак, кухня, газета, журнал, огород, чемодан; папа, мама, кошка, собака.

ЭПИЗОД 11

Задание 49. Прочитайте слова. Незнакомые слова переведите со словарём.

> Почтальон, пропасть, голубой, премия, горевать, измерять, замечательно, скучать, особенно, лапа, ломить (болеть), отваливаться, линять, шерсть, сыпаться, шелковистый, повыситься, поодиночке, грипп.

Задание 50. Прочитайте и запомните эти выражения.

> нашедший = тот, кто нашёл;   на днях = недавно;
> не очень = не очень хорошо;   с ума сойти = стать сумасшедшим.

Задание 51. Просмотрите эпизод 11. Заполните пропуски.

— _____?
— _____
— _____?
— _____

— _____?
— Да никто! _____
— _____
— _____?
— _____

— Пропал мальчик! Глаза голубые, рост метр двадцать, родители его ищут. Нашедшего ждёт премия — велосипед.

— Не горюй, дядя Фёдор. Да мало ли таких мальчиков?

— Может, и немало, но велосипеды не за каждого дают. Сейчас я буду вашего мальчика измерять.

Задание 52. Ответьте на вопросы.

1. Зачем пришёл почтальон Печкин?
2. Кому дадут велосипед?
3. Почему почтальон Печкин будет измерять дядю Фёдора?

Задание 53. Опишите дом героев в Простоквашино. Похож ли он на деревенские дома в вашей стране?

ЭПИЗОД 12

Задание 54. Просмотрите эпизод 12. Прочитайте письмо.

Дорогие мои папа и мама!

Я живу хорошо, просто замечательно, у меня всё есть — есть свой дом, он тёплый. В нём одна комната и кухня. Я без вас очень скучаю, особенно по вечерам.

А здоровье моё не очень: то лапы ломит, то хвост отваливается. А на днях я линять начал: старая шерсть с меня сыплется — хоть в дом не заходи — зато новая растёт чистая, шелковистая. Так что лохматость у меня повысилась.

До свидания.

Ваш сын дядя Шарик.

Задание 55. Напишите письмо Шарику и Матроскину.

Задание 56. Ответьте на вопросы.

1. Как живёт дядя Фёдор?
2. Кто жалуется на здоровье?
3. Кто начал линять?
4. Как вы понимаете слово «лохматость»?

ЭПИЗОД 13

Задание 57. Просмотрите эпизод 13. Заполните пропуски.

— Что у него _____?

— Лохматость. Он теперь может _____ спать.

— Ничего не понимаю: может мы _____, может это у нас лохматость _____, и мы можем _____ спать.

— Если бы мы _____, то не оба сразу. С ума поодиночке сходят. Это только _____ все вместе болеют.

— Здравствуйте! Я _____ Печкин из Простоквашино. Это вы _____ за мальчиков даёте?

Задание 58. Прочитайте диалог выразительно. Проставьте ударения в тексте. Прочитайте диалог по ролям с партнёром.

ЭПИЗОД 14

Задание 59. Прочитайте слова. Незнакомые слова переведите со словарём.

> Напоить, хвастаться, холодильник, шастать, немедленно, поликлиника, опыты, малина, вышивать, (швейная) машинка, забрать, уход, возражать, хозяйство, запасы, оставаться, неудобно, вредный (человек), добреть, зверюшка, радоваться.

Задание 60. Прочитайте и запомните эти выражения.

> свои = не чужие (люди);
>
> довести кого-либо до чего-либо;
>
> Подумаешь! = ты придаёшь этому слишком большое значение;
>
> придавать значение;
>
> как хочешь = сделаем так, как ты хочешь;
>
> кабы = если.

Задание 61. Обратите внимание на следующие словосочетания. Составьте с ними предложения.

> давать молоко
> _____
>
> сидеть дома
> _____
>
> смотреть телевизор
> _____

Задание 62. Просмотрите эпизод 14. Заполните пропуски.

— Это ты _____, что дядя Фёдор заболел.

— Это почему ж это я?

— Почему-почему? Ты же напоил его _____.
Да ещё хвастался: «Вон какое _____ моя корова даёт.
_____ покупать не надо».

— Кто там?

— Свои.

— В такую погоду _____ дома сидят, _____ смотрят, только чужие шастают. Не будем дверь _____!

— _____! Это мои папа и мама приехали.

— Видите, до чего они вашего ребёнка довели. Их надо _____ в _____ сдать для опытов.

— Где у вас малина?

— Вот она, _____.

— Ах, ой! Я и не знала, что коты такие _____ бывают. Я думала, они только на деревьях кричать умеют.

— Подумаешь! Я ещё и вышивать могу, и на машинке тоже...

Задание 63. Прочитайте диалог выразительно. Проставьте ударения в тексте. Прочитайте диалог по ролям.

Задание 64. Ответьте утвердительно или отрицательно.

1. Шарик напоил дядю Фёдора холодным молоком.
2. Шарика и Матроскина сдали в поликлинику.
3. Матроскин умеет вышивать и шить на машинке.

Задание 65. Образуйте форму императива от следующих глаголов.

брать, приезжать, стоять, держать, оставаться, забыть, завести.

ЭПИЗОД 15

Задание 66. Просмотрите эпизод 15. Прочитайте текст эпизода.

— Ты, сынок, как хочешь, но мы тебя в город заберём. Тебе уход нужен.

— А если ты кота хочешь взять или Шарика или ещё кого—бери.

— Мы возражать не будем.

— Ну, Матроскин, поедешь со мной?

— Я б поехал, кабы один-то, а корова моя, хозяйство, а запасы на зиму?

— А ты, Шарик?

— Мы останемся. Ты лучше сам к нам приезжай—на каникулы.
— И в гости по выходным.
— Стойте! Стойте! Вот, держите, вам с ним веселее будет.
— Это кто там?
— Это я, почтальон Печкин, принёс журнал «Мурзилка».
— Ах, ой как неудобно! Мы совсем про Печкина забыли.
— И правильно! Он такой вредный.
— Извините, я почему вредный был? Потому что у меня велосипеда не было. А теперь я сразу добреть начну и какую-нибудь зверюшку заведу, чтоб жить веселее. Ты домой приходишь, она тебе радуется.
— Приезжайте к нам в Простоквашино!

Задание 67. Кому из героев принадлежат следующие реплики?
— Ура-а-а! Заработало!
— Где у вас малина?
— А печка там есть?
— Кто там?
— Это как так: меня?
— Я экономить буду.
— А чего это вы в сундуке везёте?
— Тогда родители пропадать начнут.
— Один кот нам не помешает.
— Я ещё и вышивать могу, и на машинке тоже…

Задание 68. Как вы думаете, вернётся ли дядя Фёдор в Простоквашино.

第二部分

Часть вторая

НЕТ, НЕТ, НЕТ И ЕЩЕ РАЗ... ДА!

Азирис Нуна

Режиссер: Олег Компасов.

Сценарий: Рамиля Фарзутдинова (по мотивам книги Сергея Лукьяненко и Юлия Буркина).

Однажды в городской археологический музей привозят каменную глыбу, покрытую полустёртыми древнеегипетскими иероглифами. Сторож музея, к своему удивлению, обнаруживает в глыбе трещину, из которой виднеется загадочный металлический предмет...

Два брата, Стас и Костя, выясняют, что это не просто предмет, а магический Хроноскаф (машина времени и космолёт одновременно), для которого прошлое, настоящее и будущее время — понятие относительное. Мальчики попадают в 2506 год, где знакомятся с необычными людьми будущего, знакомятся с фантастическим сфинксом Шидлой. Постигая тайну миров, герои перелетают сквозь века и в Древнем Египте попадают в плен к фараону Неменхотепу...

Роли и исполнители: Александр Филиппенко (Фараон Неменхотеп); Александр Лазарев (Папа); Семен Фурман (Кубатай); Спартак Мишулин (Сторож); Максим Аверин (Шидла); Нонна Гришаева (Мама); Алена Ивченко (Айна); Роман Керимов (Стас); Филипп Авдеев (Костик); Мария Казакова (Халине).

ЗАДАНИЯ К ФИЛЬМУ

- **Задание 1.** Переведите и выучите новые слова.

запасник музея, Древний Египет, пустынный шакал, археолог, прикольно (забавно), произношение, трескаться, трещина, быть на пороге очередного открытия, раскапывать, черепки, горшочки, внеземной, инопланетный, цивилизация, обсудить, нервничать, космический аппарат, сфинкс, позапрошлый, иронизировать, долото, молоток, обколоть, вандал, скрывать, находка, вытираться, корабль космических пришельцев.

Азирис Нуна **урок 8**

ЭПИЗОД 1

Задание 2. Просмотрите и прослушайте эпизод 1 фильма «Азирис нуна» один раз. Постарайтесь ответить на вопросы.

1. Как зовут героев фильма?
2. О чём они разговаривают?
3. Кто по профессии родители мальчиков?
4. На каком языке, кроме русского, они могут говорить?

Задание 3. Прослушайте предложения, содержащие вопрос. Повторите их с правильной интонацией. Запомните разговорные выражения.

> Ты где таких слов набрался?
> Это я что ли пустынный шакал?
> Правда, прикольно?

Задание 4. Прочитайте текст диалога. Заполните пропуски подходящими по смыслу словами и выражениями.

— Доброе утро, Костик!
— _____, чу-фу-фы-фи-ха!
— Ты где таких _____ набрался, сын пустынного шакала?
— _____. Это я что ли пустынный шакал?
— Угу.
— Мам, ты _____ за чу-фу-фы-фи-ху. Это я в _____ древнеегипетского языка нашёл. Означает «_____». Правда прикольно?
— На древнеегипетском это звучит как «Чу фу вэй и фи ха». Поработай над произношением, _____.
— «Вэй и фи ха»? Ну, в принципе, лучше, чем _____.

Задание 5. Прослушайте диалог ещё раз и проставьте ударения в тексте. Прочитайте диалог выразительно.

ЭПИЗОД 2

Задание 6. Просмотрите и прослушайте эпизод 2. Постарайтесь ответить на вопросы.

1. Кто позвонил отцу?
2. О чём ему сообщили?
3. Что он решил делать?
4. Опишите Стаса и Костю. Какой у них характер?

Задание 7. Прочитайте текст диалога. Заполните пропуски подходящими по смыслу словами и выражениями.

— Алё!
— А, да я, _____!
— Треснула прямо _____? И что там внутри? Металл? Не _____! Нет-нет, пока никому _____. Да, я счас приеду.
— Судя по всему, папа на пороге _____.
— Вот другие археологи как _____, раскапывают черепки, горшочки... А нашему следы внеземных цивилизаций подавай!

Задание 8. Прослушайте диалог ещё раз и проставьте ударения в тексте. Прочитайте диалог выразительно.

Задание 9. От каких слов образованы следующие прилагательные.
пустынный, древнеегипетский, очередной, внеземной, полустёршийся, позапрошлый, космический, инопланетный?

ЭПИЗОД 3

Задание 10. Просмотрите и прослушайте эпизод 3. Постарайтесь ответить на вопросы.
1. О чем разговаривали мама и папа?
2. Какой характер у мамы? А у папы? Какие у них интересы?
3. Какие у них отношения?

Задание 11. Прочитайте текст диалога. Заполните пропуски подходящими по смыслу словами и выражениями.

— Мальчики, _____!
— Галя, давай _____ обсудим одну вещь, пока детей нет. Только не нервничай. Я думаю, _____.
— Только не _____, что нашёл древний космический аппарат.
— Как ты _____?
— Просто ты их _____. Где на этот раз, если не секрет?
— Галь, _____, что ты знаешь о голове сфинкса в запаснике музея?
— Найдена _____ ещё в позапрошлом веке. Кое-где видны полустёршиеся иероглифы...
— Галя! Галя! _____, сядь. Вот что. Мне сейчас звонил сторож из музея, сказал, что в голове у сфинкса пошла трещина.
— На себе _____! Великое открытие!

Азирис Нуна урок 8

— Подожди иронизировать. Там _____ что-то из металла!
— Так. И что ты намерен _____?
— Ну как что? Мы сейчас _____ возьмём долото, молоток и _____ обколем голову.
— Слушай, ты не _____, а вандал какой-то. Ты хоть _____, что этой голове несколько тысяч лет!
— Тому, что скрыто в этой голове тоже, как ты понимаешь, лет _____.
— Папа прав: корабль космических пришельцев! _____!
— Ну в конце концов, даже если это не инопланетный корабль, таких находок археология ещё _____!
— Слушай, _____, а то дети... Вытрись! А... вы садитесь, завтракайте, а нам с папой надо отойти в музей.
— Да, у нас там... _____.
— Так сегодня же _____! А _____? А _____?
— Нет.
— Вы же _____!
— Нет, ребята, _____, сегодня не получится.
— Ну раз обещали... Так, _____, _____ и быстро!
— Давайте-давайте, а то _____.
— Вот _____ ты так!
— Серёж, ну давай в _____. Подумай, ну куда, куда оно может деться?
— А вдруг?

Задание 12. Прослушайте диалог ещё раз и проставьте ударения в тексте. Прочитайте диалог выразительно.

Задание 13. С какими прилагательными можно употреблять следующие слова.

> цивилизация, шакал, произношение, открытие, аппарат, пришельцы, язык, век, иероглифы, открытие?

ЭПИЗОД 4

Задание 14. Переведите следующие слова:

> реставрация, реставрировать, мумия, экспонат, суперско (здорово), замучить, пригодится, фараон, вернуться, выключать, фанатизм, фонарь, кнопка, залезать, оживать, разбираться, иллюминатор.

Задание 15. Прочитайте слова из упражнения 14 и подумайте, что произойдёт дальше с героями фильма.

Задание 16. Просмотрите и прослушайте эпизод 4. Заполните пропуски подходящими по смыслу словами и выражениями.

— Между прочим, _____, где папа с мамой _____ от запасника держат.
— Папа _____, что в запасник на реставрацию принесли мумию фараона Неменхотепа Четвёртого. А мумии они _____ какие?
— Ой-ёй-ёй, нам уже _____!
— Вот ещё!
— Не бойся! _____.
— Интересно, _____ реставрировать?
— Он _____. Он экспонат, мумия, ну как Ленин.
— У-у, суперско.

Задание 17. Ответьте на вопросы.
1. Что произошло в запаснике музея?
2. Что хотят сделать Стас и Костя?
3. Чего боится Костя?

Задание 18. Ответьте репликами из эпизода. Прочитайте получившиеся диалоги с партнёром.

> Сегодня ночью к тебе придёт привидение! _____
> Завтра у нас не будет занятий. _____
> Давай ты напишешь за меня контрольную! _____
> Как я сегодня ночью пойду домой одна? _____

ЭПИЗОД 5

Задание 19. Просмотрите и прослушайте эпизод 5. Заполните пропуски подходящими по смыслу словами и выражениями.

— Ну, _____, кажется, всё.
— Так. Повторить древнеегипетский, _____ _____ и в кровать! Что «у-у-у»?
— Давай _____ древнеегипетский.
— Галя, _____, мы их замучили.
— Ничего, в жизни пригодится. Ну ладно-ладно, _____. Так, _____. Как будет на _____ фараонов «Спокойной ночи?»

— Азирис нуна, _____!
— Азирис нуна, _____!
— Азирис нуна, _____!

Задание 20. Как переводится на русский язык название фильма?

Задание 21. Прослушайте диалог ещё раз и проставьте ударения в тексте. Прочитайте диалог по ролям.

ЭПИЗОД 6

Задание 22. Просмотрите и прослушайте эпизод 6. Постарайтесь ответить на вопросы.
1. Зачем Стас и Костя пришли в запасник?
2. Страшно ли им?
3. Что произошло в запаснике?

Задание 23. Прочитайте текст диалога, проставьте ударения в тексте. Прочитайте диалог выразительно.

— Я—мумия!
— Не похож.
— Я взял ключики от запасника. Ну чё, нуна?
— Нуна.
— Да не свети ты на фараона! Может, домой вернёмся?
— Чё ты как маленький? Хочешь выключить на самом интересном?
— Только без фанатизма!
— Ничего себе!
— Какая дырочка! Чё ты встал?! Может, поможешь? Ты вот тут вот стоишь, а я вот тут.
— Может, не надо, а?
— Надо-надо, я знаю, что я делаю. Давай, 3-15. Надо чё-то...
— Домой нам надо—вот что.
— Постой, фонарь забыл.
— Ну я ж говорил—без фанатизма!
— Так-так-так. А это чё за кнопочка? Ух-ты! Работает! Залезай сюда, тут суперско!
— Там мумия ожила!
— Ну хватит уже, ну! Ну где, где твоя мумия? Костя!!!

Задание 24. Опираясь на текст эпизодов 1-6, образуйте уменьшительные формы следующих слов.

> минута, горшки, ключи, дыра, кнопка, брат.

ЭПИЗОД 7

Задание 25. Переведите и выучите следующие слова.

> космос, частица, вселенная, хромосома, атом, спасать, захватывать, выдавать, стратегический склад.

Обратите внимание на разговорные слова:

> попасть = попасть в неприятную ситуацию; круто = здорово.

Задание 26. Просмотрите и прослушайте эпизод 7. Заполните пропуски подходящими по смыслу словами и выражениями.

— Чё _____?
— Это у тебя _____. Не знаю!
— _____ разобраться.
— Слушай, тут возле одной кнопочки—_____. Может, это _____?
— Ты уже _____ иллюминатор. Дай-ка... Земля... Во попали!
— А у меня _____! Ух-ты!
— Да, _____ —это круто. Сразу начинаешь _____ себя частичкой вселенной. Хромосомой там... или атомом...
— Ты хоть сам _____, что сказал-то. Лобоносов!
— О, _____, нас уже спасают! _____, пришельцы?
— Точно, _____, если они нас захватят, мы _____ им выдавать ничего!
— Да, особенно про то место _____, где у тебя склад стратегический...
— Ну _____ про это!
— Смотри, чё _____!

Задание 27. Расскажите содержание эпизодов 1-7, используя слова.

> музей, аппарат, разбираться, найти, треснуть, космос, сфинкс, время, спасать, кнопочка, ключи.

ЭПИЗОД 8

Задание 28. Прочитайте и переведите следующие слова.

> попытаться, собраться, малец, балдеть, обучающий, лингвотаблетка (лингвистическая таблетка), всеземной.

Обратите внимание на разговорные молодёжные слова:

> кайф = наслаждение; запарились = устали; плюхнул = сказал; ваще = вообще; чешут = говорят; чухались = затруднялись.

Задание 29. Просмотрите и прослушайте эпизод 8. Прочитайте текст диалога, проставьте ударения в тексте. Прочитайте диалог выразительно.

— Кто там?
— Надо попытаться дверь открыть.
— Может, не надо?
— Так, собраться, собраться...
— Привет, мальцы! Балдею от встречи с древними цивилизациями. Миру-мир. Всё в кайф! Запарились вас ждать.
— Чего?
— Привет! А вы — русские? А мы думали — пришельцы.
— Ну ты малец плюхнул! Это вы — русские пришельцы, а я здесь типа переводчик, потому что они по-русски ваще не чешут. Короче так, мальцы, чтоб я не запарился с переводом, а вы не чухались с ответами — вот вам обучающие лингвотаблетки. Бросаете под язык и через 2 секунды чешете на всеземном языке ну прям как я.

Задание 30. Ответьте на вопросы.
1. Как вы считаете, где оказались Стас и Костя?
2. Что за аппарат они обнаружили в запаснике?
3. С кем они встретились в космосе?
4. Почему Стас и Костя плохо понимают новых знакомых?
5. Зачем нужны обучающие лингвотаблетки?

Задание 31. Переведите на литературный русский язык.
— Привет, мальцы! Балдею от встречи с древними цивилизациями. Миру-мир. Всё в кайф! Запарились вас ждать.
— Ну ты малец плюхнул! Это вы — русские пришельцы, а я здесь типа переводчик, потому что они по-русски ваще не чешут. Короче так, мальцы, чтоб я не запарился с переводом, а вы не чухались с ответами — вот вам

обучающие лингвотаблетки. Бросаете под язык и через 2 секунды чешете на всеземном языке ну прям как я.

Задание 32. Закончите предложения, опираясь на тексты эпизодов 2-8.

> Где на этот раз, ...
> Пока никому ничего ...
> Хочешь выключить ...
> Балдею от встречи ...
> Если они нас захватят, ...
> Подумай, ну куда ...

ЭПИЗОД 9

Задание 33. Переведите следующие слова и выражения.

> шеф департамента защиты реальности; генерал; командующий; капитан; хронопатрульная служба (связанная с контролем времени); контактное отделение; планета; секрет; сообщать; волноваться; относительно; далёкое прошлое; потомки; машина времени; кушать подано.

Задание 34. Просмотрите и прослушайте эпизод 9. Как зовут героев, занимающих следующие должности:

а) шеф департамента защиты реальности;
б) командующий хронопатрульной службой;
в) переводчик контактного отделения департамента защиты реальности?

Задание 35. Заполните пропуски подходящими по смыслу словами и выражениями. Проверьте себя, просмотрев эпизод еще раз.

— Простите, а как сообщить _____, что мы здесь?

— Да-да, а то они _____.

— Ваших родителей _____. То есть я хотела _____, что относительно нашего времени они находятся в _____. Сейчас идёт _____ год. И мы, _____, ваши далёкие потомки.

— Стоп! Стоп! _____? Наших родителей _____? Да я вам щас...

— То есть _____ на машине времени? Значит, мы можем вернуться на ней в _____?

— Это _____...

— Мальчики, вы же почти 500 лет _____!
— Да, но...
— Никаких «но» — _____ подано!

Задание 36. Придумайте вопросы к просмотренному эпизоду.

Задание 37. Образуйте от данных глаголов все возможные слова со следующими приставками:

	раз-	вы-	по-	от-	за-	при-
летать						
реставрировать						
ходить						
говорить						
давать						
пытаться						
волноваться						
вернуться						

ЭПИЗОД 10

Задание 38. Как звучат разговорные формы слов «сейчас», «что», «здравствуйте», «слышишь»?

Задание 39. Найдите однокоренные слова.

> космос, временной, цивилизация, командовать, время, потом, цивилизованный, волноваться, командующий, взволнованный, планета, повременить, командир, космический, волнение, космонавт, инопланетный, потомки.

Задание 40. Поставьте реплики диалога в правильном порядке.

— Мне, генералу Кубатаю... Прекратите Вы фыркать и шипеть! Для посла Венеры Вы, Шидла, ведёте себя вызывающе! Что он сказал? Это он про меня? Возмутительно!

— Именем цивилизации сфинксов! Мы требуем немедленного возвращения детей в наши лапы!

— Шидла? Ёшкин кот!

— Слышь, ты, не буди во мне зверя!

— Так точно! Он сейчас на связи.

— Перемещения во времени запрещены! Они останутся здесь!

— Это Шидла. Он уже грозился протаранить нашу станцию.

— Ты что задумал, гад? Да я щас знаешь чё с тобой сделаю?..

— Это что—ультиматум?

— Простите, Вы это серьёзно?

— Мы хотим замкнуть временную петлю путём возвращения детёнышей в 21 век.

Задание 41. Преобразуйте прямую речь в косвенную по модели:

Стас: Я—мумия! —Стас сказал, что он—мумия. **Используйте глаголы:** *спросить, поинтересоваться, заявить, воскликнуть, ответить.*

Кубатай: Это что—ультиматум?

Костя: Простите, Вы это серьёзно?

Кубатай: Перемещения во времени запрещены!

Айна: Мальчики, вы же почти 500 лет не ели!

Костя: Простите, а как сообщить нашим родителям, что мы здесь?

ЭПИЗОД 11

Задание 42. Прослушайте и прочитайте рассказ Айны и закончите фразы в соответствии с содержанием монолога.

…Ну ладно. Дело в том, что если кто-нибудь отправится в прошлое, погибнет весь мир. Достаточно кому-нибудь вернуться в прошлое—и всё, весь мир взорвётся, он… лопнет, как надутый до предела воздушный шарик. Лишний объём уничтожит его!

Мальчики, я понимаю, как вам тяжело. И… вы очень похожи на моих детей, и я… Спокойной ночи!

1. Если кто-нибудь отправится в прошлое…

…люди узнают про машину времени;

…изменится будущее;

…погибнет весь мир.

2. Мир лопнет, как…

…надутый воздушный шарик;

…мыльный пузырь;

…упавшее стекло.

3. Вы очень похожи на…

…своих родителей;

…моих детей;

…русских детей.

ЭПИЗОД 12

Задание 43. Ответьте на вопросы.

1. Что такое хроноскаф?
2. Почему мальчики не могут вернуться домой?
3. Кто такие сфинксы? Где они живут?

Задание 44. Переведите и выучите следующие слова и словосочетания.

> принимать решение, немедленное уничтожение, выполнять, связывать мысли с виртуальным миром, обретать реальность, заиграться до умопомрачения. Макромультиигробокс—игровая комната с огромными возможностями. Виртуализатор—аппарат, который воплощает мысли в реальность.

Задание 45. Просмотрите и прослушайте эпизод 12. Заполните пропуски подходящими по смыслу словами и выражениями.

— Майор, департамент _____ о немедленном уничтожении хроноскафа!

— Но _____ генерал, а...

— Никаких «но»— _____!

— Мальчики, это _____, здесь вы будете _____... Здесь есть абсолютно всё необходимое для _____. Это макромультиигробокс. Тут собраны _____ всех времён, наций и цивилизаций. Это виртуализатор, связывает мысли с виртуальным _____. Стоит только _____ —и всё, что вы _____, обретает реальность. Только, _____, не заиграйтесь до умопомрачения. Помните, кто вы есть _____. Ну, мне пора.

Задание 46. Прослушайте диалог ещё раз и проставьте ударения в тексте. Прочитайте диалог выразительно.

Задание 47. Найдите в текстах эпизодов 10, 12 предложения, включающие конструкцию *глагол + существительное в В.п.*

ЭПИЗОД 13

Задание 48. Переведите и выучите следующие слова и словосочетания.

> тюрьма, навечно, зомбировать (кого), здешний, вернуть, пожалеть, рисковать жизнью, нарушить приказ, проникнуть (куда), доказать (кому), мечта воплотится, Венера, разумеется, шлюз.

Обратите внимание на разговорные слова:

пронюхать = узнать.

Задание 49. Просмотрите и прослушайте эпизод 13. Заполните пропуски подходящими по смыслу словами и выражениями.

— _____?
— В тюрьме. _____. А ещё зомбируют. Вот.
— Надо что-то _____, пока они снова...
— Кто здесь? Привет, котятки. Я—Шидла. _____. Не бойтесь, я _____.
— Ага, _____.
— Что-то не очень нам _____ здешние друзья.
— Я _____ вернуться обратно.
— Интересно, _____?
— Айна просто пожалела вас. Рискуя собственной _____, она нарушила приказ департамента и спасла _____. С её помощью я смог проникнуть в эту _____ тюрьму. Вот так вот.
— А ты это... не врёшь?
— Я? _____ буду.
— Так-так, а _____ -то?
— Мы, сфинксы, _____ вас вернуть домой, чтобы доказать _____, что временная петля существует. Таким образом воплотится наша давняя _____, и мы сможем путешествовать из _____ в _____.
— А вы _____ такие?
— Слышь, давай на «ты», а? С Венеры, _____. У сфинксов там своя _____. Короче, Айна ждёт у шлюза, но Кубатай в любой момент может это пронюхать. Вы _____ лететь со мной?
— _____!
— Тогда бросайте свои грязные дела—и к шлюзу!

Задание 50. Прослушайте диалог ещё раз и проставьте ударения в тексте. Озвучьте диалог по ролям.

Задание 51. Ответьте на вопрос.

Почему Шидла хочет помочь Косте и Стасу?

Азирис Нуна   урок 8

Задание 52. Определите время и вид следующих глаголов из текста эпизода.

> зомбируют, закрой, не бойтесь, нравятся, помогу, пожалела, рискуя, нарушила, спасла, смог, не врёшь, вернуть, доказать, существует, воплотится, сможем, ждёт, бросайте.

ЭПИЗОД 14

Задание 53. Просмотрите и прослушайте эпизод 14. Прочитайте текст диалога, проставьте ударения в тексте. Прочитайте диалог выразительно.

— Ну чё расселись? Погнали!
— Айна, спасибо тебе. Мы поняли, кто мы есть на самом деле. Это твоим детям.
— Пусть играют в реальные игры. Только осторожно: она настоящая!
— Мальчики, спешите. Может быть, мы ещё встретимся.
— Не скучай, котёнок! Так, быстро отсюда!
— Шидла, а что будет с Айной?
— Мои братья-сфинксы переправят её сегодня же вместе с детьми на Венеру, кошкин дом. Понимаешь, Айна всегда мечтала жить среди нас. А на нашей планете её ни одна собака не тронет.

Задание 54. Найдите синонимы.

прикольно	кайф
внеземной	беспокоиться
обсудить	сходить
иронизировать	инопланетный
отойти	здорово
наслаждение	руководить
запариться	шутить
волноваться	устать
командовать	обговорить

Задание 55. Составьте свои предложения со словами.

> игры, реальность, мысли, вернуть, доказать, скучать, встретиться, Венера, на самом деле.

ЭПИЗОД 15

Задание 56. Переведите следующие слова и словосочетания.

> вызывать (кого), не менять решений, блокировать аппарат пространственным импульсом, поломка, попадать, приземляться, разбираться.

Обратите внимание на разговорные молодёжные слова:

> достал = надоел; рванули = двинулись.

Задание 57. Просмотрите и прослушайте эпизод 15. Проставьте ударения. Прочитайте диалог выразительно.

— Кубатай вызывает Шидлу! Немедленно верните мальцов!
— А сфинксы не меняют своих решений.
— Что?! Я буду блокировать ваш аппарат пространственным импульсом. Даю 30 секунд! Время пошло.
— Достал! Ну что, котятки, рванули сквозь время?
— Мы уже в прошлом?
— Этот генерал всё-таки... Поломка какая-то, ремонт нужен... Не могу понять, когда мы попали.
— Ты хотел сказать—куда.
— Куда—это ясно. Вот она—Земля. Непонятно, в каком мы времени. Ладно, будем приземляться, там разберёмся.

Задание 58. Ответьте на вопросы.
1. Как Айна сумела помочь мальчикам?
2. Что с ней будет?
3. Чего хочет Кубатай?
4. Что произошло во время перемещения в прошлое?

Задание 59. Подготовьте пересказ просмотренной части фильма, используя новые слова и выражения.

ЭПИЗОД 16

Задание 60. Переведите следующие слова и выражения.

> тираннозавр, выскочить, разжигать костёр, собрать тростника, браслеты-оживители, заживлять раны, лечить болезни, воскрешать мёртвых, пользоваться, пимпочка (штука), дистанционное управление, выжить, чинить байду (аппарат).

Азирис Нуна **урок 8**

Задание 61. Просмотрите и прослушайте эпизод 16. Прочитайте текст диалога, проставьте ударения в тексте. Прочитайте диалог выразительно.

— Где мы всё-таки, а?
— И в каком времени?
— Не удивлюсь, если сейчас откуда-нибудь тираннозавр выскочит.
— Очень-то ему нужно! А было бы суперско!
— Может, костёр разожжём? Надо только какого-нибудь тростника собрать.
— Слушайте, вот вам браслеты-оживители. Носите их на лапах. Они заживляют там все раны, лечат все болезни, воскрешают мёртвых. Смотри сюда: пользоваться просто. Значит, вот эта пимпочка с кнопочкой — дистанционное управление. Нажал — значит выжил. Ясно? Разобрались? Ну ладно, сейчас эту байду чинить буду.

Задание 62. Переведите на литературный русский язык.

> суперско, достал, погнали, рванули, пронюхать, кайф, запариться, пимпочка, круто, чухаться, байда.

Задание 63. Придумайте вопросы к эпизоду и задайте их своему партнёру.

ЭПИЗОД 17

Задание 64. Переведите и выучите следующие слова и словосочетания.

> крутиться-вертеться, момент, пробуждаются первобытные инстинкты, выбираться за город, разводить костёр, жарить шашлыки, зов природы, самка, пантера, млекопитающее, хищница, порода кошачьи.

Задание 65. Просмотрите и прослушайте эпизод 17. Заполните пропуски подходящими по смыслу словами и выражениями.

— Да, вот так _____, крутишься-вертишься и только вот в такие моменты _____, как близок ты к природе... Пробуждаются первобытные инстинкты... _____ чего-то такого...

— _____?

— _____.

— А мы _____ часто выбирались за город, разводили _____, жарили шашлыки...

— Ну-ка, котятки, _____ -ка здесь _____, я сейчас.

— Чё это _____?

— Первобытный инстинкт, _____, проснулся...

— Пошёл на зов природы. _____, а когда у нас _____ это... просыпаться?

— Когда _____!
— _____ такая, _____ такая, _____ такая... Самка... А она меня _____.
— Так. А _____?
— Чёрная? Это пантера. _____. Это млекопитающее. Значит, тиранозавров тут _____.
— Как ты _____ —пантера?
— Ну да, хищница из породы _____.

Задание 66. Прослушайте диалог ещё раз и проставьте ударения в тексте. Прочитайте диалог выразительно.

Задание 67. Отреагируйте на реплики без опоры на текст фильма.
—Где мы всё-таки, а? _____
—Может, костёр разожжём? _____
—Чё это он? _____
—Так. А дальше? _____
—Может быть, мы еще встретимся. _____

ЭПИЗОД 18

Задание 68. Переведите и выучите следующие слова и словосочетания.

> тупая (очень глупая), финик, заняться ремонтом, обхохотаться.

Задание 69. Просмотрите и прослушайте эпизод 18. Заполните пропуски подходящими по смыслу словами и выражениями.
— А она _____. _____. Но тупая! Смешная!
— Да ладно, брат, _____...
— _____?
— Да так, _____...
— Мы _____... это... еды _____.
— Да, _____ всяких, фиников.
— Давайте. Только _____.
— _____.
— А я пока ремонтом займусь... _____! Да, обхохочешься.

Задание 70. Слушайте фразы. Отметьте в своём списке слова, которые вы услышите.

> Кнопочка, начинать, давно, момент, просто, получать, никогда, ремонт, пользоваться, игры, аппарат, будущее, год, кошка, прошлое, ничего, раньше, круто.

ЭПИЗОД 19

Задание 71. Переведите и выучите следующие слова и словосочетания.

> братья по разуму, обыскать дикарей, слуги грязного Сета, бог солнца Осирис, ступать, сходить с колесницы, связывать покрепче.

Задание 72. Просмотрите эпизод 19 без звука. Попробуйте догадаться, о чём говорят герои. Посмотрите эпизод еще раз со звуком. Правильно ли вы всё поняли? Проверьте себя по ключу.

Задание 73. Ответьте на вопросы.
1. Что делали Стас и Костя после приземления?
2. А чем занимался Шидла?
3. Кого встретил Шидла в пустыне?
4. Что дал Шидла Стасу и Косте? Зачем?
5. Кого встретили Стас и Костя в пустыне?
6. На каком языке говорили эти люди?
7. В каком времени и в каком месте оказались главные герои?

ЭПИЗОД 20

Задание 74. Прочитайте следующие слова и словосочетания, незнакомые слова переведите по словарю.

> отпускать, на берегу Нила, расстраиваться, советник, чужеземцы, следует отнестись с почтением, на всякий случай, выгнать, самозванцы, отстегать плетьми, вариант, поступать, посадить в темницу, принести в жертву, во славу Осириса, дальше по программе, поклоняться богу.

Задание 75. Просмотрите и прослушайте эпизод 20. Заполните пропуски подходящими по смыслу словами и выражениями.

— Так _____ всё-таки? И что же нам с вами _____?

— Мы с _____ —слуги Осириса. Нас _____ отпустить.

— Осирис _____ на берегу Нила и, _____, уже расстраивается...

— Даже так? Ну-ну. А _____ мои советники?

— О, фараон! Я—Ашири, _____ от севера. Даже если _____ чужеземцы—не слуги Осириса, следует отнестись к ним с почтением и _____, на всякий случай.

— О, _____! Я—Гопа, твой советник _____. Прежде чем выгнать этих самозванцев, их нужно _____, во славу Осириса, конечно.

— Ну, первый вариант мне как-то _____.
— Поступим так. Пока _____ их в темницу, а завтра, в день _____ на прекрасной Халине, возьмём—принесём их в жертву. Во славу Осириса, _____... Что у нас _____ по программе?

Задание 76. Ответьте на вопросы.
1. Вспомните, какими словами называют египтяне Стаса и Костю?
2. Сколько советников у фараона? Как их зовут? Откуда они?
3. Что предлагали сделать с мальчиками советники?
4. Как решил поступить с ними фараон?
5. Какому богу поклонялись древние египтяне?

Задание 77. Определите, от каких простых слов образованы следующие сложные слова.

> внеземной, инопланетный, древнеегипетский, всеземной, лингвотаблетка, самозванец, умопомрачение, хронопатрульный, чужеземцы.

ЭПИЗОД 21

Задание 78. Переведите и выучите следующие слова и словосочетания.

> выбираться, в порядке исключения, фараонша, слуги, наряды, сокровища, приказать, пригнать ко дворцу, ткнуть пальцем, сжигать, гончар, отправиться в Царство мёртвых, глубоко заблуждаться, вылечить, удаваться, лекарь, явился во сне, штука, специальные кричалки, передавать.

Задание 79. Просмотрите и прослушайте эпизод 21. Заполните пропуски подходящими по смыслу словами и выражениями.

— Из-за тебя _____!
— _____?
— А то это! Кто _____ от запасника взял?
— Ах так! _____...
— Что _____?
— Здравствуйте, _____!
— Ты что, здесь _____?
— Да нет, я невеста фараона. Вот _____. Вы такие смешные.
— Ага, обхохочешься! _____! Тебе восемнадцать есть? _____ зоопарк.
— Чего он _____?
— Да не обращай внимание. Вообще он _____. Простите, невеста, вы не _____ нам выбраться отсюда? Ну, в порядке исключения.

— Ой, мальчики, я же ещё _____. А когда стану ей, вас уже принесут в жертву... Если бы _____...

— Да ладно тебе, _____ будешь фараоншей, будет у тебя _____ слуг, нарядов, сокровища, все дела...

— Замолчи! Вы думаете, меня _____, хочу ли я замуж? Неменхотеп приказал _____ ко дворцу пригнать, посмотрел и ткнул на меня пальцем. И больше я _____ не видела. Их сожгли.

— За что?

— За то, что папа был _____ гончаром, а мама была женой _____ гончара. У фараона _____ простых родственников. Ничего, я с ними скоро встречусь. Фараон тяжело _____ и скоро _____, а вместе с ним в Царство мёртвых отправятся его слуги и, конечно, _____.

— Ну, насчёт Царства мёртвых ты глубоко заблуждаешься. Может, фараона ещё _____.

— Это не удалось ни одному из лекарей, _____ в Египте.

— А ты _____ с фараоном? Скажи ему, что тебе во сне явился Осирис и _____, что мы его слуги и можем вылечить фараона.

— _____?

— С _____ этих штук и специальных кричалок.

— Хорошо, передам. Только фараон _____.

— Значит, помрёт.

— Стас, _____, скажет?

— Не знаю, _____ они знаешь какие...

— Она и вправду _____.

— Нашёлся... ещё один _____.

— Сам ты...

Задание 80. Ответьте на вопросы.

1. Кто такая Халине?

2. Что с ней произошло?

3. О чём попросили её мальчики?

Задание 81. Найдите в тексте эпизода слова и выражения, которые нужно произносить.

а) с вопросительной интонацией,

б) с восклицательной интонацией.

ЭПИЗОД 22

Задание 82. Переведите и выучите следующие слова и словосочетания.

> исцелить, отменить решение, прочесть заклинание, приступить, отправиться в котёл, воскресить, полюбоваться, вариться следом, рыбалка, протестовать, плетёт (= говорит) ерунду, баловаться, оскорбить, нырнуть, скармливать крокодилам.

Задание 83. Просмотрите и прослушайте эпизод 22. Заполните пропуски подходящими по смыслу словами и выражениями.

— Значит так... моей _____ во сне явился Осирис и сказал, что _____... исцелить меня.
— Сказала!
— Я собирался принести вас в жертву, но... _____ своё решение, если...
— Мы _____ тебя!
— Для этого _____ вот эти вот браслеты, после чего я прочту особое заклинание—и будь _____!
— Мы даже _____ можем вылечить!
— Тогда так. _____ приступить к моему исцелению, ты отправишься в котёл, а ты воскресишь его. Получится—приступим к _____. Нет—полюбуемся, как _____ вариться следом.
— Знаешь что, _____ —один из двух-то уж точно сработает.
— _____?
— Ты что, брат? _____! Помнишь, как тогда я ногу себе на рыбалке проколол?
— Ну всё, всё, _____ там...
— Я протестую! Братья-египтяне! Настанет день, и вы...
— Кончай пропаганду!
— Так. Всё. Хватит! _____! Что он там плетёт?
— Заклинание.
— Ну всё, хватит баловаться! Что делать— _____. Забудем прошлое и станем _____!
— _____.
— _____ моё неверие, верный _____ Осириса! Приступим к лечению.
— Исцеление отменяется.
— _____?
— А вот так. Ты оскорбил верных слуг самого Осириса! Заставил _____ _____ вариться в супе. И теперь должен сам нырнуть в этот котёл.
— Дорогой, давай без этих _____.
— Ну тогда заклинание не подействует.
— А как там _____ в заклинании: эники-беники...

— Вот-вот, а _____.

— Доршан! Я сейчас полезу вот в _____, а вот тот должен меня оживить. Если не оживит, обоих скормишь крокодилам.

— _____, мой фараон! Скормлю.

— Халине! Давайте, давайте... Халине! _____!

Задание 84. Перескажите своими словами содержание эпизода 22.

Задание 85. Кому из героев фильма принадлежат следующие реплики:

— Там мумия ожила!
— Вы готовы лететь со мной?
— Помните, кто вы есть на самом деле.
— Поработай над произношением, сынок.
— Собакой буду!
— Никаких «но». Кушать подано!
— Халине, я иду к тебе!
— Залезай сюда, тут суперско!

ЭПИЗОД 23

Задание 86. Просмотрите эпизод 23 без звука. Попробуйте догадаться, о чём говорят герои. Посмотрите эпизод еще раз со звуком. Правильно ли вы всё поняли? Проверьте себя по ключу.

ЭПИЗОД 24

Задание 87. Переведите и выучите следующие слова и словосочетания.

вселенная, энергия, замкнуть временную петлю, лишний вес, лишняя масса, сэкономленная энергия, годы промчатся, мгновения полёта, торопиться, привычный климат, подстерегать.

Задание 88. Просмотрите и прослушайте эпизод 24. Заполните пропуски подходящими по смыслу словами и выражениями.

— Ну вот мы и _____, мальчики, а вы _____, что Царства мёртвых нет.

— Тихо! _____! Я тебе потом всё _____. Но для начала вам надо _____. Шидла, это Халине. Халине, это сфинкс Шидла.

— _____.

— Да ладно тебе. Он _____.

— Я самая тупая кошка во вселенной. Хроноскафу _____энергии, чтобы вернуться снова в _____ и замкнуть временную петлю.

— Это, наверное, _____?

— Лишний вес... Энергии хватит только чтобы доставить вас _____.

— А что, если _____ лишнюю массу, одежду?!

— Лучше вы меня _____ где-нибудь по пути.

— А Халине права. Если _____ за 20 лет до вашего времени, то сэкономленной энергии _____, чтобы доставить вас _____, а мне вернуться снова в _____.

—20 лет—это _____. Я обязательно _____ в вашем времени.

— Точно. Только _____...

— Для вас _____ промчатся за мгновения полёта. При желании _____ вас прямо сегодня. Так, надо торопиться: приближаемся к вашему времени. Ну, _____ приземляться?

— Желательно, чтобы климат был привычный для неё, где _____ _____, как в Египте.

— Ташкент!

— _____!

— А ты и вправду хороший.

— Прощай, сфинкс. Спасибо тебе!

— Пока, котёнок.

— До встречи.

— До свидания, Халине, сегодня увидимся.

— Кстати, совсем забыл. Здесь тебя могут подстерегать всякие опасности. В случае угрозы... вот это мумификатор. Надо его направить на врага и нажать на эту кнопку. Вот так. И всё.

— И всё?

— Нам пора, пора. Ну давайте быстрее.

— Прощай, Халине.

— Ну, котятки, приехали. Так. Теперь показывайте, где ваш дом.

— Вот здесь.

— Шидла, возьми-ка чуть левее. Вот сюда.

— Остановлю-ка я время. На время.

Задание 89. Ответьте на вопросы.

1. Почему хроноскаф не может вернуться в прошлое?
2. Что решили сделать герои, чтобы хватило энергии на возвращение в прошлое?
3. Почему ребята решили, что Халине должна жить в Ташкенте?
4. Зачем Шидла дал Халине мумификатор? Как он работает?

ЭПИЗОД 25

Задание 90. Переведите и выучите следующие слова и словосочетания.

> пульт оживителя, выкладывать (рассказывать), сварить, вызывать скорую (вызывать машину скорой помощи), камешки, милиция, капсула, подробно, доказательство.

Задание 91. Просмотрите и прослушайте эпизод 25. Прочитайте текст диалога, проставьте ударения в тексте. Прочитайте диалог выразительно.

— Кость, ну чё ты там?
— Да никак не могу найти пульт оживителя.
— Ложись!
— Ну, выкладывайте честно, где были.
— Папа! Там в музее, в голове, не корабль пришельцев, а хроноскаф, ну то есть машина времени. Мы были в будущем и в прошлом тоже. В Древнем Египте!
— Там мы сварили Неменхотепа и познакомились с Халине. Но её пришлось оставить в Ташкенте, потому что энергии было очень мало.
— Я знал, что древнеегипетский до добра не доведёт. Легли! Я вызываю скорую!
— Всё. Хватит говорить правду.
— Какой сторож?
— А, да. Голова, да. Как? Как это одни камешки? В милицию пока звонить не надо. Я сейчас сам подойду. Да, прямо сейчас... Так. Оба встали. Звонил сторож из музея—капсула исчезла. Ну что произошло?
— Тогда подробно. Давай, Кость, начинай.
— ...А потом он улетел.
— Короче, пап, ты нам веришь или нет?
— Верю. Но больше никто не поверит. Даже мама. Доказательств-то нет. Машина времени, если и была, то исчезла. Ой! В музей, там же сторож ждёт!
— И мы с тобой!
— Вообще в таких случаях обычно говорят «нет». Ладно, полезем в окно, чтобы маму не будить.

Задание 92. Как вы считаете, чем закончится эта история?

Задание 93. Посмотрите фильм от начала и до конца без опоры на текст. Оцените, сколько информации вы понимаете на слух.

Задание 94. Обсудите фильм в группе.

Питер FM

Режиссёр: Оксана Бычкова.

В ролях: Евгений Цыганов (Максим), Екатерина Федулова (Маша), Алексей Барабаш (Костя), Ирина Рахманова (Лера), Владимир Машков, Наталья Рева, Андрей Краско и другие.

Маша—диджей на популярном питерском радио, Максим—молодой архитектор. Маша готовится к свадьбе с бывшим одноклассником Костей, Максим победил в международном конкурсе архитекторов, и теперь его зовут на работу в Германию. Но оба они не уверены, что им нужно именно это.

Максима удерживает в Питере любовь к девушке, которая его оставила, а Маша чувствует, что её жених Костя—совсем не тот человек, который ей нужен. И, кто знает, как бы повернулась их судьба, если бы не Случай—Маша теряет мобильный телефон, а Максим его находит...

Такая история могла произойти только в большом городе, который сталкивает и разводит персонажей на своих улицах. Это лирическая история о двух молодых людях, оказавшихся перед выбором, когда каждый должен решить—что же для него действительно важно.

ЗАДАНИЯ К ФИЛЬМУ

Задание 1. Переведите и запомните следующие слова и выражения.

синоптики, космическая скорость, быть в эфире, официальная версия, душа поёт, менять ориентацию, виза, мансарда, дворник, похудеть, безопасно для жизни, ужас, фанаты, секретарь, замечать, надевать, потерять, надеяться, в хороших руках, вам повезло, вернуть, снимать, виноватый, мавр, посольство, контракт, забирать, по поводу, особые приметы, родинка, спина, куртка, найти.

Задание 2. Запомните следующие разговорные слова и выражения.

оставайтесь на нашей волне = продолжайте слушать наше радио; чумовая = шальная, безрассудная; мужик = мужчина; проставляться = угощать алкоголем;

попса = популярная, коммерческая музыка; королева эфира = популярная ведущая; Маша-растеряша = невнимательная девушка; труба = мобильник = мобильный телефон; быть в курсах (в курсе) = знать.

Задание 3. Знаете ли вы, чем известны эти люди? Спросите у преподавателя.

Клара Цеткин, Роза Люксембург, Филипп Киркоров, Отелло.

ЭПИЗОД 1

Задание 4. Слушайте и повторяйте фразы (их объём будет постепенно увеличиваться). Проверьте себя по ключу.

Задание 5. Просмотрите и прослушайте эпизод 1 фильма один раз. Постарайтесь ответить на вопросы.
 1. Как зовут главных героев? Чем они занимаются?
 2. Какие важные события происходят в их жизни?

Задание 6. Прослушайте эпизод 1 ещё раз. Прочитайте текст диалога, проставьте ударения в тексте. Прочитайте диалог выразительно. Определите значение выделенных слов.

— В эфире—«Питер FM». И мы продолжаем наш концерт. Фёдор и Виктор поздравляют своего друга, Максима Васильева с *победой* в международном конкурсе молодых архитекторов. Максим стал лучшим из лучших и—«Внимание! Внимание! Говорит Германия»—уезжает в Берлин строить дома. Ну, это официальная версия. А я думаю, что товарищ Васильев едет пить пиво. Максим, не забывайте—от пива растёт живот! Вот Вам песня.
— Ну вы, отцы, даёте! Спасибо.
— А у тебя знакомые немки есть?
— Конечно, Клара Цеткин и Роза Люксембург.
— Как поёт, а?
— Да я тоже так могу...
(Маша подпевает: Счастье. Собака. Ру... Нас ожидает встреча, нас ожидает чудо. Именно в этот вечер...)
— Здорово, Машенция!
— Здорово!
— Что, душа поёт?.. Это что? Это *наш формат*?
— Да, меняем ориентацию.
— Машка, я не понимаю, на что ты *нарываешься*? Пусть слушают своего Киркорова—им же нравится!

— А мне не нравится!
— Ой, Машка... А чё опоздала?
— Да свадьба эта...
— А-а-а!
— Слушай, Лерыч, ты можешь часок *на эфире посидеть*? Нам с Костиком надо кольца купить.
— Я умираю.
— Ну на один час, а?
— Ну ладно, только часик!
— Обещаю!
— В Берлине сейчас хорошо...
— В Берлине всегда хорошо...
— Ты до понедельника-то успеваешь: визу там, приглашение...
— *Всё под контролем.*
— А зачем тебе это надо? Давай, я поеду.
— *Не завидуй так громко.*
— Да кто завидует? Он по-немецки не разговаривает вообще. Ну скажи «гастарбайтер».
— Нет, лучше «Einstürzende Neubauten».
— А ты мансарду мне оставишь свою?
— А ты дворником работать будешь?
— Нет. А Маринка-то в курсах? А ты когда проставляться будешь?
— Завтра.
— Нет, я серьёзно.
— Тогда послезавтра.
— А что бы такого съесть, чтобы похудеть?
— Внимание! *Смертельный номер!*
— *Узнаю руку мастера.* Это безопасно для жизни?
— Не знаю, но Костику нравится.
— А ты Крошу уже кормила?
— Ой, я забыла.
— Отлично! Ну что, мой хороший, покушай, давай, а я посмотрю...
— Это кто?
— Ужас!
— Фанаты рвут на части? ... Маш, пойди сюда.
— Чего?
— Видишь, вон тот, с цветочками стоит...—мой.
— Смешной. А как зовут?
— Дима, кажется. Вчера еле отвязалась. Стоит, гад, знает, что у меня эфир кончился.

Питер FM   урок 9

Задание 7. Найдите обращения в тексте эпизода.

Задание 8. Преобразуйте прямую речь в косвенную, используя глаголы *спросить, ответить, возразить, возмутиться, попросить, согласиться.*
1. — А у тебя знакомые немки есть?
   — Конечно, Клара Цеткин и Роза Люксембург.
2. — Пусть слушают своего Киркорова—им же нравится!
   — А мне не нравится!
3. — Ну на один час, а?
   — Ну ладно, только часик!
4. — В Берлине сейчас хорошо…
   — В Берлине всегда хорошо…
5. — Давай, я поеду.
   — Не завидуй так громко.

Задание 9. Придумайте вопросы к этому эпизоду.

ЭПИЗОД 2

Задание 10. Просмотрите и прослушайте эпизод 2 фильма один раз. Постарайтесь ответить на вопросы.
1. Кто принимает участие в этом эпизоде?
2. Кому звонит Маша? Зачем?

Задание 11. Посмотрите эпизод 2 еще раз. Прочитайте текст диалога. Заполните пропуски подходящими по смыслу словами и выражениями.
— Привет!
— _____!
— Ну и где _____? Я уже _____ полчаса.
— Извини, пожалуйста, я _____, честное слово!
— У тебя секретарь _____, да?
— В каком _____?
— Ну _____, что за мужик _____ на твоём телефоне.
— Чёрт!
— М-да, не прошло и _____…
— Я даже _____.
— Я тебе новый Samsung _____… Ну не надевай это, я же _____.

— Дай _____.
— Я надеюсь, ты его тоже _____.
— _____.
— Угу, _____.
— Алё!
— Алло!
— Здравствуйте!
— _____!
— Скажите, а _____ в хороших руках?
— Да, Маша, _____.
— А _____, что меня зовут Маша?
— Пока звонили _____.
— А как _____?
— Максим. А как Вам _____?
— Вы знаете, я _____ часов в девять, на Чкаловской, около _____.
— Давайте. Как я _____?
— Вы меня _____ —я буду в костюме зайца.
— _____?
— Да. _____.
— А можно, я вам попозже _____.
— Да, _____.
— Ну _____?
— _____.
— Ну в чём я _____ виновата?
— _____.
— Отелло! Вылитый мавр! Пойдём _____, я на работу _____.
— Сними _____ этот кошмар.
— А мне _____.
— Сними, _____, сейчас выкину.

Задание 12. Прослушайте диалог ещё раз и проставьте ударения в тексте. Прочитайте диалог выразительно.

Задание 13. Опишите Костю и Машу. Какой у них характер? Как они одеваются?

ЭПИЗОД 3

Задание 14. Найдите в словаре и запомните следующие слова и выражения.

подписывать бумагу, получить трудовую книжку, заявление об уходе, принимать заявление, уезжать за границу, мести асфальт, последний аргумент; горжусь, что я дворник; беги, только не споткнись, коммерческое радио; последнее предупреждение; прекратите опаздывать; полегчало.

Задание 15. Запомните следующие разговорные слова и выражения.

посеять = потерять; фигня = ерунда, что-то неважное; покажь = покажи; по вашей милости = из-за вас; ходить без штанов = не иметь денег.

Задание 16. Просмотрите и прослушайте эпизод 3 фильма один раз. Постарайтесь ответить на вопросы.
1. Как Маша относится к свадьбе?
2. О чём говорит Маша в эфире?

Задание 17. Просмотрите и прослушайте эпизод 3 фильма ещё раз. Прочтите диалог по ролям.
— Это кто?
— Да я трубу потеряла, я ж тебе говорила, а он нашёл, хочет мне теперь вернуть.
— А он симпатичный?
— А вот это я его как раз не спросила.
— А он знает, что ты на радио работаешь?
— Не-а.
— Не говори, а то меня этот Дима уже достал: звонит целыми днями, в кино зовёт. Он, конечно, симпатичный, но я не знаю. Как ты думаешь—пойти?
— Лерыч, ну просто же: хочешь—иди, не хочешь—не иди. И отдай диск.
— Если бы я знала, хочу я или не хочу.
— Вот и я тоже.
— А ты чего?
— Да, фигня.
— Кольца купили?
— Две штуки.
— Покажь!
— Костик забрал.
— Правильно. Ещё посеешь.

— И он сказал то же самое.

— Счастливая ты, Машка!

— Лерыч! Они с этой свадьбой как с ума посходили. Костик всё время бегает, о чём-то договаривается, куда-то звонит. Мама... Мамы обе составляют меню, букеты...

— О! На свадьбе букетом в меня кинь.

— Люди встречаются, люди влюбляются, женятся. А вот если бы на свете жили не два пола—мужской и женский, а целых пять, и чтобы спасти человечество от вымирания нужно было бы собраться впятером. Ну а если первый заболел, второй опоздал, третий перепутал пароли и явки, четвёртый просто передумал, получается, что к любви готов только пятый, но что же он может—один. Как всё-таки здорово, что есть только мужчины и женщины. Всем влюблённым посвящается...

Задание 18. Прослушайте диалог ещё раз и проставьте ударения в тексте. Прочитайте диалог выразительно.

Задание 19. Расскажите своими словами, что произошло в эпизодах 1-3.

Задание 20. Придумайте короткие диалоги, используя следующие фразы.

— Вот и я тоже.
— Покажь!
— Это кто?
— Ну и где ты ходишь?
— Ой, я забыла.
— Обещаю!
— Что, душа поёт?

ЭПИЗОД 4

Задание 21. Просмотрите и прослушайте эпизод 4 фильма один раз. Постарайтесь ответить на вопросы.

1. Удалось ли Маше и Максиму встретиться? Почему?
2. О чём договорились главные герои?

Задание 22. Прослушайте эпизод 4 ещё раз. Прочитайте текст диалога. Вместо пропусков вставьте нужные слова.

— А помнишь, _____ у тебя тоже был серый костюм. Я же _____ почти всю _____. Ужас.

Питер FM урок 9

— В _____? Маруся. Маруся, давай _____. Завтра родители _____. Какое-то дело там. Твоих _____ подключили. Еще ведь и лимузин. Ой, дело-дело. Утро _____ мудренее.
— Да, Маша.
— Максим, _____, вы, _____, меня не дождались.
— Я _____.
— Ой, а меня _____.
— Могли бы _____.
— Вы извините, я постараюсь больше _____. Просто всё как-то сразу навалилось: и _____ эта, и _____…
— Тоже _____?
— Почему _____?
— Не знаю, _____.
— А-а. Я не вовремя?
— _____.
— Просто у вас _____.
— Да нет, _____ навалилось всё. Я в Берлин _____ _____.
— Надолго?
— _____.
— _____. Вот мне бы сейчас тоже _____. В Берлине, _____, хорошо.
— Да мне и _____.
— _____ тогда едете?
— _____, не определился ещё.
— А Вы подкиньте монету — орёл или решка. Я _____.
— Спасибо за совет. Ну так _____?
— Вы _____ часов в 11?
— Да, _____?
— Давайте на Горьковской. У подземного перехода, _____.
— Хорошо… _____?
— _____.
— Я буду в синей. Маша, _____ мне описать, как ты _____… Вы выглядите.
— Ну что, я _____ редкая, шатенка, стрижка у меня такая растрепущая, _____, зубы золотые. _____. Ну вот. _____?
— Мне _____.
— Ну что, _____?
— Да.

79

Задание 23. Прочитайте диалог Маши и Максима по ролям. Постарайтесь воспроизвести интонации героев фильма.

Задание 24. Найдите в тексте эпизода фразы, выражающие.
   а) оценку, б) просьбу.

ЭПИЗОД 5

Задание 25. Найдите в словаре и запомните следующие слова и выражения.

> пытаться найти в мусоре; дорожные знаки; подробности; надуть; нервы; разбудить; вернуть; спиться; жестокий; сдача; выключен; оружие; наркотики, быть в тонусе; опаздывать на свидание; по пожарной лестнице; по карнизу; триллер про маньяка; не обманывать; народная примета, уволиться; выписываться из квартиры; собираться что-либо сделать; вселяется новый сотрудник; прихоть; паспортный стол, подписывать; некуда идти, спонсор; фирма ритуальных услуг; прекращать безобразие, разбираться; свидетель; краденый; майор милиции; отделение милиции; быть задержанным; суд решит; новый приёмник; «Здравия желаю!»; «Так точно!»; похулиганить; осознать.

Задание 26. Запомните следующие разговорные слова и выражения.

> запара = ситуация, когда нет времени; пересечься = встретиться; вне зоны доступа = телефон не работает; «бедуин» = бедолага, тот, кого жалко; проводить инвентаризацию = пересчитывать вещи; собирать вещички = упаковывать вещи; глубоко не волнует = безразлично; Нижний = Нижний Новгород; хамить = грубить; разговаривать по-человечески = разговаривать нормально, вежливо; мордой крутить = отворачивать лицо; развести свинарник = устроить беспорядок; сидеть на нарах = сидеть в тюрьме; глубоко копать = пытаться проникнуть в суть вещей; обалдеть = удивиться; труба = мобильный телефон; отвалины = вечеринка по случаю отъезда.

Задание 27. Придумайте свои предложения с разговорными словами из задания 26.

Задание 28. Прослушайте эпизод 5. Прочитайте текст диалога. Вместо пропусков вставьте нужные слова.
   — Алло!
   — _____! Привет!
   — Привет, Маша.

— Что там _____?
— Потом _____. Не знаю, _____,
но меня отпустили, _____. _____.
Спасибо. Ничего, что я _____?
— Да ничего. Слушай, _____ в милиции, что ты
_____. Это ничего?
— Это ужасно... _____.
— Да? А ты что _____?
— Я? Сижу, _____.
— Да нет, по-другому.
— А _____ потом, когда _____?
— Покажу, но _____. У меня _____ отвалины,
друзья _____.
— А, да-да, _____. Я тоже _____ сегодня.
Я сегодня _____. Тогда созвонимся, да?
— Давай. _____.
— Пока.
— Пока. _____...

Задание 29. Прослушайте диалог ещё раз и проставьте ударения в тексте. Прочитайте диалог выразительно.

Задание 30. Найдите синонимы.

труба	отделаться
посеять	ответить по телефону
надуть	грубить
хамить	удивиться
мужик	ерунда
пересечься	мужчина
обалдеть	встретиться
мавр	мобильник
отвязаться	потерять
мести асфальт	обмануть
фигня	африканец
взять трубу	быть дворником

ЭПИЗОД 6

Задание 31. Найдите в словаре и запомните следующие слова и выражения.

> переживать; взять себя в руки; отпускать ситуацию; поделиться бедой или радостью; быть в напряжении; поставить в эфир; снять с эфира; порнография; доработать смену; быть уволенным, провожать; близкий человек; блестящее будущее; слабо верится в такой патриотизм; муза, закурить, стерва, устраивать; форс-мажор; цунами; землетрясение; формальность; вкупе (с чем); стандартный пункт; передумать; программный.

Задание 32. Среди слов из предыдущего задания найдите глаголы с приставками. Приведите примеры однокоренных глаголов с другими приставками.

Задание 33. Запомните следующие разговорные слова и выражения.

> ротация = перемещение работников с одной должности на другую; компакт = CD-диск; свернуть цирк = всё прекратить, закончить; бадяга = долгая история; малёк = маленькая бутылка водки; добавить = ещё выпить; взять трубку = ответить по телефону; не ровно дышать = быть влюблённым.

Задание 34. Поставьте реплики диалога в правильном порядке. Попытайтесь догадаться о значении выделенных слов.

— Я вообще Питер люблю.

— Всё просто. Ты чё, не понял что ли? Из-за Маринки всё. Я сам такой же. Помнишь, у меня с Галкой такая же *бадяга* была. Архитектору *муза* нужна. Ну как без *музы* архитектору? Вон видишь, *раскис* совсем парень: Питер люблю, ехать не хочу. А чё не хочу? Маринка! Маринку люблю!

— За твоё блестящее будущее!

— Гольдберг—это имя.

— Кстати, хороший дядя.

— Один *большой серый стальной птиц* летал-летал, летал-летал да и разбился. Поэтому мы проектируем дома, а не самолёты. Они хоть и падают, зато не летают.

— Мне слабо верится в такой патриотизм. Я вообще не понимаю, к чему все эти разговоры.

— Блестящее будущее—*вкалывать* на дядю 5 лет.

Питер FM **урок 9**

Задание 35. Послушайте песню группы «Мумий Тролль» «Такие девчёнки». Попытайтесь понять на слух, о чём в ней поётся. Проверьте себя по ключу. Пойте песню под музыку.

Задание 36. Прослушайте эпизод 6. Прочитайте текст диалога. Вместо пропусков вставьте нужные слова.

— Алло!
— _____?
— Привет, _____.
— Привет. Извини, _____. Мне _____?
— Нет, _____.
— _____.
— А _____ за звук? _____?
— На _____ сижу.
— _____...
— Ещё _____.
— А что там, _____?
— На мосту _____. Вода течёт. _____. Собака _____ лохматая.
— Тоже _____.
— Могу _____.
— Да, _____, извини, днём тебе _____ звонил...
— Костик, _____...
— Твой _____?
— Угу.
— А когда _____? Алло? Маш, ты чего, _____? Да ладно, не реви, _____. Извини.
— Да нет, просто _____.
— _____?
— Понимаешь, мы _____. Ещё со школы... А Костя... он _____, и я сама _____, как так всё... И вдруг _____, что я _____. Ну и _____ сегодня...
— Жалко _____...
— Угу.
— Да ладно, _____. Меня тоже _____
—ничего, _____.
— _____.
— Ну что тут _____? Да _____ вообще штука

83

непредсказуемая. Это _____ всё по сценарию.
— А ты мне обещал _____...
— _____. У меня с домами особенные _____.
— _____?
— Потому что _____.
— Какие же у вас _____?
— Ну, ты что... Дома как... ну _____, родные и близкие. Можно _____. Иногда _____, можно тома[1] писать.
— _____?
— Не, _____. Ну _____ тут вообще такие экземпляры попадаются.
— А ты _____ собрался? _____?
— Пока тебе _____, не поеду.
— Тогда ты _____ задержишься.
— Знаешь, _____. Наверное, _____.
— Монету _____?
— И в Фонтанку, и в Неву.
— _____. А ты когда-нибудь в чижика[2] _____?
— _____. А ты?
— Я _____.
— Завтра _____?
— _____.
— Странно, у тебя _____... Как будто _____ много раз.
— _____.
— _____, Максим.
— _____, Маша.

Задание 37. Опишите эмоциональное состояние Маши. Почему она так себя чувствует?

Задание 38. Переведите на литературный русский язык.
1. Маша—девчонка чумовая, не любит попсу.
2. Ну ты Маша-растеряша, уже третью трубу посеяла!
3. Где мы пересечёмся?
4. Этот мужик надул нас!
5. Какая обалденная фигня! Покажь!

---
1. книги.
2. Чижик-Пыжик, памятник маленькой птичке из детского стихотворения на набережной реки Фонтанки. Находится не на берегу, а над водой. Считается, что попасть в него монетой–к счастью.

ЭПИЗОД 7

Задание 39. Прослушайте эпизод 7. Прочитайте текст диалога. Заполните пропуски подходящими по смыслу словами и выражениями.

— Да! _____. Очень _____. Да, хорошо. Да, я тоже _____. Давай _____. Давай _____, какой твой нормальный _____, потому что у меня сейчас... потому что _____ аккумулятор садится. Я просто _____, что... Да, я сейчас _____.

— Питер Fm. _____.

— Здравствуйте, я хотел бы _____ для девушки Маши _____, которая _____ _____ и ... Алло?

— _____?

Задание 40. Ответьте утвердительно или отрицательно.

1. Максим и Маша наконец-то встретились.
2. Лера сходила в кино со своим поклонником.
3. Максима хотели выселить из квартиры.
4. Марина помогла Максиму выбраться из милиции.
5. Максим обещал Маше показать дом.
6. Максим и Маша часто находились совсем близко друг от друга.
7. Максим окончательно решил уехать в Берлин.
8. Максим продал Машин телефон.
9. Максим часто ездит по Питеру на велосипеде.

Задание 41. Придумайте и запишите продолжение этой истории.

Задание 42. Озвучьте один из эпизодов (на ваш выбор) по ролям с партнёром.

Люби меня

Режиссер: Вера Сторожева.

В ролях: Алена Бабенко (Кира), Павел Деревянко (Шурик), Михаил Ефремов (Антон), Илзе Лиепа (Роза), Игорь (Гарик) Сукачев и другие.

Талантливый художник-дизайнер Шурик работает в небольшой рекламной фирме. Его новая начальница—стервозная, амбициозная, элегантная выпускница одного из американских университетов грозит его уволить, если он до Нового года не придумает что-нибудь экстраординарное для новой рекламной кампании мыла «Люби меня». Для того чтобы угодить этой загадочной женщине, он решает проникнуть к ней в дом и узнать ее вкусы.

ЗАДАНИЯ К ФИЛЬМУ

ЭПИЗОД 1

Задание 1. Переведите и выучите новые слова и словосочетания.

узкопрофессиональный, поставить задачу, упаковка, комплекс, косметологическая корпорация, недоделки, тонко чувствовать нюансы.

Задание 2. Просмотрите и прослушайте эпизод 1 фильма «Люби меня». Постарайтесь ответить на вопросы.

1. Как зовут героев фильма?

2. Кто они по профессии?

3. Какое Задание получила от начальника героиня фильма?

Задание 3. Прочитайте текст диалога, проставьте ударения в тексте. Прочитайте диалог выразительно.

— Ну что, Кира, нравится?

— Да, очень.

— Новый год! Кипенье страсти! Всем заказчикам нужно срочно... Впрочем, кипенье страсти у нас всегда. Вы почувствуете это на себе... Вы мыться, кстати, любите?

Люби меня **урок 10**

— В каком смысле? А что, мой внешний вид допускает такие вопросы?

— Вопрос узкопрофессиональный. Дело в том, что перед Вашим отделом поставлена задача—упаковка для мыла. Вот это у нас и снегурочка, и ёлочка в комплексе.

— Какая симпатичная!

— По поводу упаковки вопрос такой—Вы любить любите?

— Это что, тоже узкопрофессиональный вопрос?

— Нет, не так узко... Не так, но всё же по профессии. Мыло называется «Люби меня»! Заказ крупнейшей косметологической корпорации. Любые недоделки исключаются! Специалист такого уровня, как Вы, должен тонко чувствовать все нюансы. А Вы не ответили ни на один из вопросов: ни насчёт любить, ни насчёт мыться.

— Ну... в узкопрофессиональном смысле я не пробовала, но я верю, что всё будет OK.

— В смысле cool?

— Yes!

Задание 4. Ответьте утвердительно или отрицательно.

1. Кира пришла на новую работу.
2. Антон—подчинённый Киры.
3. Антон показал Кире фирму и её сотрудников.
4. Дело происходит перед праздником Первое мая.
5. Фирма занимается рекламной упаковкой.
6. Антон считает Киру специалистом высокого уровня.
7. Кира уверена, что всё будет хорошо.

ЭПИЗОД 2

Задание 5. Переведите следующие слова и словосочетания.

> буженина, гений, премия, рассчитаться с долгами, быть должным, стандарт, неформально, корпоративные посиделки, явка, система штрафных баллов, распитие алкоголя, неряшливость, дресс-код, остроумный, зефир, бегемот, состояние.

Задание 6. Просмотрите и прослушайте эпизод 2. Проставьте ударения в тексте диалога. Прочитайте диалог выразительно.

— Я всё время хочу кушать... Даже жрать... Особенно буженину, особенно вечером...

— Ну и жри.

— Но тогда я не похудею!
— Тогда не жри.
— Нет, всё-таки правду говорят: все худые—злые!
— Ах! Серафима Павловна! Какая прелесть! Какой цветочек!
— Это «Радость жизни»?
— Угу.
— Так он же в шоколаде!
— Забыл совсем!
— Гений!
— Может, новый начальник даст мне премию, и я, наконец-то, рассчитаюсь с долгами?
— Так ты что, всё ещё должен за выставку этой... как её... которая в банке?
— Роза.
— Роза. Роза в банке! Как романтично!
— Здравствуйте! А позвольте узнать, почему вы не работаете в рабочее время?
— Не... что?
— А Вы, простите, кто?
— Меня зовут Кира. Я ваша новая начальница.
— Ой, девочки, какая худая!
— Американский стандарт! С этого дня начинаем жить по-новому. Первое: знакомимся неформально—сегодня после работы дружеские корпоративные посиделки. Явка обязательна. Мой профессор Смит из Коламбия Юниверсити говорил: «Это основа основ!». Второе: система штрафных баллов. За внешний вид, за курение, за распитие алкоголя, за неряшливость, за опоздание и, наконец, дресс-код.
— Дресс-что?
— Дресс-код! Это снова основа основ! Брюки запрещены, только юбки и блузки. Вы меня слышите?
— Да-да. С завтрашнего дня приходить только в юбке.
— Остроумно. А чем вы заняты на работе?
— Это «Радость жизни».
— Что?
— Зефир в шоколаде.
— А как Вас зовут?
— Шурик. Александр Евгеньевич.
— Александр Евгеньевич, зайдите ко мне в кабинет. Вместе с зефиром. И бегемота снимите с монитора!
— Это не бегемот. Это состояние!

Люби меня | урок 10

Задание 7. Вспомните и прочитайте с правильной интонацией следующие предложения.

Ну что, Кира, нравится?	Гений!
Какая симпатичная!	Это «Радость жизни»?
В каком смысле?	Роза в банке! Как романтично!
Но тогда я не похудею!	Какая прелесть!

Задание 8. Как вы понимаете игру слов в выражении «Роза в банке»? Какие значения слов «роза» и «в банке» обыгрываются здесь?

Задание 9. Ответьте на вопросы.

1. Чем занимаются сотрудники отдела в рабочее время?
2. Как они выглядят?
3. Как зовут главного героя? Над чем он работает?
4. Какие правила ввела новая начальница Кира?
5. Как вы считаете, её требования—справедливые?
6. Какой характер у Киры?

ЭПИЗОД 3

Задание 10. Переведите и выучите слова и словосочетания.

хрупкость, чуть ощутимый миндальный привкус, переделать, неординарный, бренд, заработок.

Задание 11. Прочитайте текст диалога. Заполните пропуски подходящими по смыслу словами и выражениями.

— Вот это—хрупкость тонкого _____. Вот это—нежность зефира. А _____ —чуть ощутимый миндальный привкус.

— Как называется ваш заказ?

— Зефир «_____»... в шоколаде.

— Так и _____ здесь зефир, а не радость. Продукт нарисуйте! Потребителя ваши впечатления и чувства _____. Он покупает зефир. Кстати, Вы его _____?

— Нет, нам _____.

—Тем более. Запомните: продукту нужна маркетинговая направленность, а _____ никому не нужны. Ни-ко-му!

— А _____?

— Да, кстати, о любви. Зефир полностью переделать, но не Вам. Вы, говорят, человек яркий и неординарный. Я Вам дам _____

заказ—«_____».
— Что?
— «Люби меня»! Об этом же можно _____!
— Как это? Я _____.
— Мыло «Люби меня». Заказ международной косметологической корпорации! Бренд _____!
— Так это _____?
— Ну конечно! А Вы что _____? Сделаете, _____ Вам премию—Ваш полугодовой заработок.
— Да? Да, Антон. Конечно, Антон, _____. Её делает...
— Шурик.
— Шурик, то есть Александр. _____, Александр. Да, Антон.

Задание 12. Составьте предложения со словами.

> шоколад, зефир, упаковка, дресс-код, рассчитаться с долгами, тонко чувствовать, банк.

Задание 13. Ответьте на вопросы:
1. Как Шурик изобразил «Радость жизни»?
2. Понравился ли эскиз Кире?
3. Что она посоветовала Шурику?
4. Какое Задание Кира дала Шурику?
5. О чём подумал Шурик, когда получал новый заказ?
6. Что получит Шурик, если выполнит заказ?
7. Кто позвонил Кире?

ЭПИЗОД 4

Задание 14. Переведите и выучите слова и словосочетания.

> бояться высоты, быть на высоте, выдержать испытательный срок, выполнение заказов, организация работы, взаимопонимание, голова кругом (идёт), голова кружится, отдел, завал, стирка, глажка, ужас, кошмар, лифт, сотрудник, профиль, отвлекать (от чего), тошнит (кого), домработница, позаботиться (о чём), быть в гармонии (с чем), оттенок, переделать.

Задание 15. Просмотрите и прослушайте эпизод 4. Постройте реплики героев диалога в правильном порядке.

— А я сегодня не могу. Я договорилась с коллективом—корпоративные посиделки.

— Организация работы?

— Почему?

— Тогда завтра.

— Со мной всегда будете на высоте! Привыкайте! Вы знаете, я думал, как помочь Вам выдержать испытательный срок—и придумал. Ну, во-первых...

— Взаимопонимание?

— Да. Очень. Только я высоты боюсь.

— У-у.

— Нет. Подождите, занято!

— И как можно скорее, Кира! Я позабочусь об этом.

— Точно! Начнём в ресторане?

— Да, то есть—нет.

— Подождите! Вам же сказали—занято! Послушайте, Кира, сотрудника такого профиля, как у Вас, ничего не должно отвлекать от...

— Нет, то есть да, но... То есть... у меня совсем голова кругом! В отделе такой завал. И дома...

— Ну что, Кира, красиво у нас? Нравится?

— У Вас должна быть домработница.

— Хорошо.

— Что дома?

— Точное выполнение заказов?

— Стирка, глажка, ужас, кошмар! Отпустите меня, пожалуйста. От лифта у меня совсем голова кружится.

— Коллектива?

— Извините, пожалуйста. Меня так тошнит.

— Да, хорошо, я поняла. Домработницу надо взять.

— ... от меня! От коллектива! Здрасьте!

— Кира! Где ж Вы ходите? Я вас ищу везде! Вот—«Люби меня»! Тёплый цвет в гармонии с оттенком оранжевого. Что, не нравится? Хорошо. Я подумаю и переделаю. К завтрашнему утру.

Задание 16. Ответьте на вопросы.

1. Чего хочет от Киры её новый начальник?
2. Почему Кира плохо себя чувствует в лифте?
3. Что посоветовал сделать Кире Антон, чтобы справиться с домашней работой?

Задание 17. Как вы понимаете игру слов в следующих диалогах.

1. — Да. Очень. *Только я высоты боюсь.*

   — *Со мной всегда будете на высоте!*

2. — Нет, то есть да, но... То есть... *у меня совсем голова кругом!* В отделе такой завал. И дома...

— Что дома?

— Стирка, глажка, ужас, кошмар! Отпустите меня, пожалуйста. *От лифта у меня совсем голова кружится.*

ЭПИЗОД 5

Задание 18. Переведите и выучите слова и словосочетания.

> полезно, обсудить (что), реструктуризация, банковский термин, общечеловеческий.

Задание 19. Прочитайте текст диалога. Заполните пропуски подходящими по смыслу словами и выражениями.

— Долго мы ещё _____?

— Ой, а я так _____! И потом—это так полезно!

— Розочка! У меня очень _____, ты же знаешь.

— У меня тоже, но мы не обсудили _____. Хочешь, зайдём в этот _____?

— Нет, _____. Что ты хотела обсудить?

— Проблему твоего долга. Знаешь, _____: ну что важнее—какие-то деньги, пусть даже большие, или _____? А я мечтаю о детях. Поэтому я приняла _____ о реструктуризации твоего долга.

— Послушай, я _____ твоих банковских терминов, да?

— Ой! Я тоже, но это не банковский термин, а общечеловеческий. Надо прощать друг другу, _____, надо создавать семью. А в этот?

— Нет, Роза, _____!

— _____?

— _____, Розочка!

— Я плачу.

— _____! Ты уже выставку один раз оплатила. До сих пор не могу рассчитаться _____.

— Можешь. _____—как?

— _____?

— _____!

— О, Боже! Опять!

Задание 20. Опишите главных героев фильма: Киру, Шурика, Антона и Розу. Как они выглядят? Чего хотят от жизни?

Задание 21. С какими прилагательными можно употребить следующие слова.

> человек, корпорация, привкус, посиделки, термин, время, начальница, день, срок, утро?

Слова для справок:

> вчерашний, неординарный, международный, миндальный, новый, шоколадный, дружеский, завтрашний, корпоративный, банковский, косметологический, общечеловеческий, яркий, строгий, рабочий, симпатичный, сегодняшний, испытательный.

ЭПИЗОД 6

Задание 22. Переведите и выучите слова и словосочетания.

> пренебрегать (кем? чем?), творческий поиск, брендовое наполнение, разойтись, макароны, проскальзывать, жратва (еда), искренность, ставить баллы, коллектив, бабий (женский), баба (женщина), мужик, горбун, киноплёнка, возмутительный, раскрыть (что? кого?), наедаться, удаваться, начальство, импозантный, отобразить индивидуальные особенности, сплотить (кого), моцион.

Задание 23. Просмотрите и прослушайте эпизод 6. Проставьте ударения в тексте диалога. Прочитайте диалог выразительно.

— Ну и хорошо, девочки, что Шурик пренебрёг. Нам с Кирой Сергеевной без мужчин даже лучше. Правда, Кирочка Сергеевна?

— Ну почему же без мужчин лучше? Ну... лучше, конечно, но не в том смысле... А в смысле... совместной работы, творческого поиска идеального брендового наполнения мужчина может оказаться весьма полезен.

— Ну что ж...

— Вкусно?

— Буду искренней. Быстрее съедим—быстрее разойдёмся.

— В этом плане макароны хорошо кушать—они сами внутрь проскальзывают.

— Ты только о жратве и думаешь.

— Это правда. А кстати, Вы за искренность баллы ставите?

— Только штрафные. Да?

— Остроумно. Итак...

— Мой первый муж был однажды со мной искренний. И мы с ним сразу расстались. А со вторым мужем я была искренней. Мы тоже расстались. Скажите, а Вы были замужем?

— Ой. Нет.

— Что, ни разу.
— Одинокая, да?
— Ну что вы, о каком одиночестве может идти речь в коллективе, который ставит перед собой...
— О бабьем...
— В коллективе нет баб! И мужиков тоже нет.
— Мужиков, действительно, нет.
— С этим я совершенно согласна.
— Мой третий муж был горбун. Несмотря на это...
— На корпоративных вечеринках полагается только о мужчинах разговаривать?
— А о чём же ещё?
— Ну не знаю.
— На корпоративных вечеринках полагается делать всё, что помогает достижению общей цели коллектива. А какая у нас общая цель? Вот кто мне может ответить на этот вопрос?
— Ой! Да какая у нас, у девочек, общая цель?
— А мне бы жизнь мою, как киноплёнку, прокрутить на 10 лет назад...
— Стоп! Возмутительно! Неформальная обстановка раскрыла вас. Вы меня поразили! Как можно с таким вкусом, как у вас, создавать элитные бренды?!
— Ну что, тётки, вечеринка удалась. Я наелась. Можно, я пойду домой?
— А вот и я! Здорово поёте, девчонки! А я что, опоздал? Веселье уже кончилось?
— Начальство не опаздывает.
— Тем более такое молодое, такое импозантное, такое холостое и не женатое.
— А хотите, мы Вам ещё раз споём?
— Нет-нет. Вечеринка окончена. Всем спасибо. До свидания.
— Серафима Павловна! Светочка! Ольга! Ну как? Вечеринка удалась?
— Да. Она в полной мере отобразила индивидуальные особенности и сплотила каждого сотрудника...
— Тогда в ресторан!?
— Ой, пожалейте, я так наелась...
— Ну тогда моцион, для здоровья.

Задание 24. Замените выделенные слова антонимами.

> Чтобы все успеть, работать надо **медленнее**.
> **Скрытность** — прекрасная черта характера.
> В прошлом году мы **встретились** с моим первым мужем.
> На вечеринке девушки разговаривали о **женщинах**.
> **Официальная** обстановка раскрывает людей.
> Веселье уже **началось**?
> Наш план полностью **провалился**.

Задание 25. Ответьте на вопросы.

1. Что делали женщины на корпоративной вечеринке?
2. Смогла ли Кира создать неформальную дружескую обстановку?
3. О чём говорили женщины?
4. Сколько мужей было у Серафимы Павловны?
5. Почему Кира осталась недовольна своими сотрудниками?
6. Что предложил Кире её начальник Антон?

ЭПИЗОД 7

Задание 26. Переведите и выучите слова и словосочетания.

> беременный, раскрывать (кого? что?), осанка, плоскостопие, косолапый, кислород, поступать в кровь, плохо сказаться на развитии (кого? чего?), бонус, предпочитать, органы, абсолютный, установка, эскиз.

Задание 27. Просмотрите и прослушайте эпизод 7 без звука. Попробуйте догадаться, о чём говорят герои. Проверьте себя по ключу.

Задание 28. Вспомните и прочитайте с правильной интонацией следующие предложения.

> Стоп! Возмутительно!
> Ну как? Вечеринка удалась?
> А какая должна быть?
> Тогда в ресторан!?
> А хотите, мы Вам ещё раз споём?
>
> Ты не знаешь, как нас представить?
> А он тоже решает!
> Согласен целиком!
> А о чём же ещё?

ЭПИЗОД 8

Задание 29. Переведите и выучите слова и словосочетания.

> визит, проктолог, допустить, фактор, теория, отвечать потребностям, классификация, перечислять, физиологический, социальный, учёт аспекта, самовыражение, воздействие на спрос, потрясающий, вести конспекты, доскональный, совок, мотивация (психологические стимулы, которые придают действиям людей цели и направления), наплевать (кому? на что?), подрабатывать, списывать, неполное служебное соответствие.

Задание 30. Просмотрите и прослушайте эпизод 8. Проставьте ударения в тексте диалога. Прочитайте диалог выразительно.

— «Люби меня». Пожалуйста. Прошу Вас! Что, и это не нравится?
— Это «Люби меня»?
— Ну конечно, а кого же ещё?!
— Ну откуда я знаю. Может быть, это прогулки по вечерней Москве или визит к проктологу. Вы пытаетесь передать эмоции, допустим... Но, вы забыли о двух факторах теории Герцберга, о классификации Маслоу! Что нам говорит Маслоу?
— Ну, не знаю...
— Из пяти потребностей наше мыло отвечает четырём. Перечислите!
— Ну, помыться...
— Физиологические—раз. Социальные—два. Потребность в уважении—три. И, наконец, самовыражение и успех. Мыло «Люби меня»—никаких эмоций! Только целевое воздействие на спрос, учёт аспекта...
— Потрясающе! А откуда же Вы всё это знаете?
— Александр! Я училась в Коламбия Юниверсити! Я посещала лекции, я вела конспекты, и там всё досконально написано.
— И про мыло тоже написано?
— Про мыло целых три лекции профессора Смита!
— У-у-у! Дайте почитать, пожалуйста!
— Нет!
— Почему?
— А почему Вы вчера не остались вечером с коллективом? Я хотела установить контакты, понять мотивацию, а Вам наплевать на коллектив?
— Мне не наплевать на коллектив, я был занят. Дайте конспект почитать, пожалуйста!
— Знаете что, Александр, я училась в Коламбия Юниверсити, я сама оплачивала свою учёбу, я подрабатывала бэби-ситтером. Я никогда не пропускала лекций и ни у кого не списывала. Поэтому я свои лекции никогда и никому не дам!
— Бэби-ситтер—это который за собачками в совок убирает?
— Точно! Завтра утром жду эскиз! Вот ещё. А также объявляю вам о неполном служебном соответствии!
— Хорошо.

Задание 31. Закончите предложения.

1. Я никогда не пропускала лекций и ...
2. Ну конечно, ...
3. А откуда же Вы ...

Люби меня **урок 10**

4. Почему Вы вчера …

5. Объявляю Вам …

6. Может быть, это прогулки …

7. Я сама оплачивала …

Задание 32. Ответьте на вопросы.
1. Каким человеческим потребностям, по Маслоу, отвечает мыло?
2. Что делала Кира в Коламбия Юнивёрсити?
3. Почему Кира не дала Шурику свои лекции?
4. Кто такой бэби-ситтер?

ЭПИЗОД 9

Задание 33. Переведите и выучите слова и словосочетания.

> искренний душевный контакт, гардероб, тапки, салфетки, мелочь, минимум, знаменательный, символ, достойное применение, по восточному календарю, крокодил, намёк, клиент, задерживаться.

Задание 34. Прочитайте текст диалога. Заполните пропуски подходящими по смыслу словами и выражениями.

— Если мне не _____ премию, я не рассчитаюсь с долгами, и Роза меня съест. Ты _____, она всё знает, она училась в Коламбия Юнивёрсити, она писала конспекты. По ним она и _____! Я не понимаю, как я сделаю то, что ей надо, если я не знаю, _____! Объясни мне, Оля!

— Ну, тебе _____ увидеть её в дружеской неформальной обстановке, установить с ней искренний душевный контакт, изучить её гардероб, узнать, _____ у неё тапки, салфетки, какие книжки она _____... Женщина в мелочах! Тебе нужно побывать у неё _____.

— Да?

— Я думаю, что как минимум с ней _____ —это всё равно, что со Статуей свободы _____.

— Но другого выхода _____.

— Оля, зачем ты здесь _____? Мы здесь _____!

— Пусть думают, что я _____. Она за курение меньше штрафных баллов даёт. Вообще, когда я ем, я _____. Вот сейчас доем и что-нибудь придумаю. Ну вот— _____!

— Дорогая Кира! Позвольте в честь вчерашнего, знаменательного для всех нас дня _____ Вас с Новым годом и подарить Вам этот символ любви и уважения нашего _____! Надеюсь, Вы будете беречь его...

— Да, и найдете достойное применение ему в Вашей нелёгкой _____.

— А мне _____, что у нас по восточному календарю год какого-то _____ животного...

— Собаки, обезьяны, овцы, свиньи— _____: пришёл крокодил и всех съел!

— Намёк ясен. _____!

— Всё-таки у нашего коллектива фантастический _____, да?

— О да!

— Только что Вы будете _____? Здесь его оставлять _____: у нас бывают клиенты.

— Останусь _____. Когда все уйдут, вынесу его куда-нибудь _____.

— Только надолго не задерживайтесь. Дома _____ сюрприз. Не-не-не, не такой.

Задание 35. Подберите синонимы из текста фильма к следующим словам.

> посещение, мужчина, допустить, еда, женщина , сделать заново, много дел, обнаружить, получаться, прогулка.

ЭПИЗОД 10

Задание 36. Переведите и выучите слова и словосочетания.

> гореть, индиго, кадмий, блузон, белила титановые, устойчивая ассоциация (с чем), скользкий, охра землистая, вызывать ощущение приближения весны, подъезд, поручение.

Задание 37. Просмотрите и прослушайте эпизод 10. Проставьте ударения в тексте диалога. Прочитайте диалог выразительно.

— Александр Евгеньевич! Уже поздно, идите домой!

— Нет-нет, я ещё поработаю. Такой интересный заказ, «Люби меня». Я просто горю!

— А разве домашние Вас не ждут?

— Я одинокий. Кроме работы, у меня ничего нет.

— Я помогу.

— Нет, спасибо, мне не тяжело.

— Нет, я помогу. До дома.

— Ни в коем случае! Я сама.

— Нет, я должен!

— Ой, нет. Я же Вам говорю!

— Послушайте! Это мнение коллектива. Лично я уважаю коллектив. А Вы?

— Слушайте, ладно. Только давайте поосторожнее. Всё-таки это символ любви и уважения нашего коллектива.

— Так. Пальто у Вас—чёрное индиго, шарф—фиолетовый кадмий, а блузон у Вас, прошу прощения?

— Белила титановые.

— Совершенно верно! Устойчивая ассоциация с зимой!

— Ой! Осторожно, здесь скользко!

— А Вы фиолетовый в сочетании с охрой землистой не пробовали?

— Нет.

— Знаете, вызывает ощущение приближения весны. Вот знаете, когда коты за окном так стонут: «Мяу-у-у»!

— Тихо! Вы что! Давно уже все спят!

— Что, котов землистого цвета не любите?

— Так, вот мой подъезд. Опустите, пожалуйста, крокодила. Спасибо, дальше я сама.

— Нет-нет-нет, что Вы! Поручение было—до двери...

— Вы что?! Осторожнее, это же подарок.

— ...интересно, какого она цвета? А по возможности и далее.

Задание 38. Ответьте на вопросы.

1. Почему Кира хотела, чтобы Александр шёл домой?
2. Почему Шурик долго не уходил с работы?
3. Почему Шурик хотел помочь Кире, а Кира не хотела, чтобы он помогал?
4. Почему крокодил так важен для Киры?
5. Что посоветовал Кире Шурик? Почему?

Задание 39. Какие названия цветов встречаются в этом эпизоде. Какими синонимами их можно заменить. Какие еще названия цветов вы знаете?

ЭПИЗОД 11

Задание 40. Переведите и выучите слова и словосочетания.

> милочка (фамильярно-ласковое, интимное обращение к женщине, девочке), очередь, кастинг (подбор кандидатур на вакантные рабочие места), пропадать, вызывать, элита, агентство.

Задание 41. Прочитайте текст диалога. Заполните пропуски подходящими по смыслу словами и выражениями.

— Какой _____ у вас подъезд!
— Мне самой _____, что здесь происходит.
— Милочка, _____, здесь очередь!
— Куда?
— _____? На кастинг!
— Я в кастинге не участвую. Извините, я здесь _____.
— Да, я тоже не _____.
— Поднимите, пожалуйста, _____, а то мы здесь не пройдём. Ой! _____, ради бога!
— Ну наконец-то! Где Вы пропадаете?
— _____?
— Вы Кира Сергеевна?
— _____?
— Ну так кастинг должен был начаться _____!
— Какой кастинг? Я не вызывала.
— А вот он вызывал! _____?
— Нет! Нет!
— Ой, _____! Я совсем _____! Вы домработницы?
— Между прочим, здесь элита из трёх агентств. Начнём?
— Начнём. Хвостик заберите, _____! ...Спасибо. _____!
— А я?
— А Вы—в _____ очередь!

Задание 42. Ответьте на вопросы.

1. Что увидели Кира и Шурик в подъезде?
2. Зачем в подъезде собралось так много женщин?
3. За кого женщины приняли Шурика?
4. Удалось ли Шурику попасть в дом Киры? Почему?

Задание 43. Придумайте короткие диалоги, используя следующие фразы.

— Мне самой интересно, что здесь происходит.
— Я в кастинге не участвую.
— Ой! Извините, ради бога!
— Ну наконец-то! Где Вы пропадаете?
— Вы Кира Сергеевна?
— Я совсем забыла!

ЭПИЗОД 12

Задание 44. Переведите и выучите слова и словосочетания.

> наследить, разуваться, отчаяние, выпивать, полочка (полка), колготки, мазня (неумелое, неряшливое рисование), расшибиться.

Задание 45. Просмотрите и прослушайте эпизод 12. Проставьте ударения в тексте диалога. Прочитайте диалог выразительно.

— Следующая!
— Ай! Иду-иду!
— Проходите! Ну что Вы там стоите? Идите сюда!
— Я... Хорошо. Нет. Я лучше пойду.
— Ну зачем же так сразу? Проходите.
— Ой! Я Вам тут наследил! Ай! Я Вам тут наследила! Сейчас я разуюсь. Ой, нет, нет.
— Ну что Вы там стоите? Проходите сюда!
— Здравствуйте! Как Вас зовут?
— Мара.
— Странное имя. Проходите. Ну что же, Мара, расскажите о себе.
— Я девушка.
— Нет, это невозможно.
— Честно.
— Да я Вам верю. Расскажите, что Вы умеете делать по дому.
— А ничего.
— Как? Совсем ничего?
— Я лучше пойду.
— Стойте!
— А зачем же Вы тогда приходили?
— От отчаяния. Да так вот, знаете, квартирку посмотреть.
— А может быть, Вы что-нибудь ещё хотите?
— А у Вас водки нету, немножко?
— А Вы что—выпиваете?
— Ну... как все девушки.
— Да? Ну ладно, я тоже девушка. Давайте выпьем! Возьмите вон там, на верхней полочке! Только пальтишко снимите, пожалуйста!
— Ага, хорошо. Здесь?
— Да-да. Здесь.
— Вот, возьмите, пожалуйста.
— Мара! Такой холод—и Вы без колготок!? Ой, осторожно! Держитесь! Ой, что же Вы так неосторожно-то, а?

— Что это за мазня на меня упала?
— Послушайте, это не мазня, а Зрачков! Знаете что? Вы сильно расшиблись?
— Не очень.
— Идти можете? Ну так идите отсюда уже, а? Всё, кастинг окончен!

Задание 46. Подберите синонимы из текста фильма к следующим словам.

> оставить следы; снять обувь; лучшие представители; употреблять алкоголь; подбор кандидатур на вакантные рабочие места; деваться невесть куда; тёмно-синий; неумелое, неряшливое рисование.

Задание 47. Придумайте вопросы к этому эпизоду и задайте их партнёру.

ЭПИЗОД 13

Задание 48. Переведите и выучите слова и словосочетания.

> разгребать, занимать пост, положение обязывает, настаивать, ладить, сажать в тюрьму, цивилизованный, подчинённые, дикари, указание, альфонс, разодетый, тащить (нести) инструменты, шуруп, дюбель, молоток, ухаживать за женщиной, противный, изобразить, грудь, надёжный.

Задание 49. Просмотрите и прослушайте эпизод 13. Найдите в тексте устойчивые выражения.

— Я не представляю, как я всё это буду разгребать. У меня всё было так чисто!
— А зачем же Вы тогда домработницу приглашали?
— Я? Ну, видите ли, Мара, я теперь занимаю некоторый пост. И моё положение обязывает.
— Да, положение у Вас, действительно, высокое.
— Спасибо. Да дело даже не в этом. Я всё могу делать сама. Но начальство настаивает.
— Да, с начальством иногда очень трудно ладить.
— Если бы речь шла только о работе, но ведь он требует большего! А в Америке, между прочим, за это сажают в тюрьму.
— Ну, цивилизованная страна. А может, Вам туда и уехать?
— Да я ж только что оттуда приехала!
— Ой, а я бы на Вашем месте там бы и осталась.
— Зачем? Я была там так одинока.
— Зато здесь у Вас есть начальство.

— Да. И начальство, и подчинённые.
— Что? И подчинённые тоже требуют гораздо большего?
— Требуют? Да они совсем не умеют работать как во всём цивилизованном мире! Они даже правильно одеться не умеют!
— А! Дресс-код!
— Ну, конечно! Вот Вы, Мара, меня понимаете, а они—ну дикари какие-то. Особенно один. Указаний не слушает, коллективом пренебрегает. Да ещё, похоже, альфонс! Вчера, знаете, встретила его с такой разодетой, прям...
— Помогать будете?
— Буду.
— Инструменты тащите.
— Хорошо.
— Шурупы.
— Что?
— Шурупы.
— Несу. Так, вот.
— Ну какие же это шурупы?! Это дюбеля! Вот они, шурупы, вот они!
— А! Ой, Мара, Вы такая женщина! За Вами, наверное, много мужчин ухаживает.
— Мужчин? Фу! Мне даже думать об этом противно!
— Да? А мне приятно думать о мужчинах.
— Любите мужиков, да?
— Странный вопрос. Я бы хотела любить одного мужчину. И чтоб он меня тоже любил.
— Да? А как бы Вы это изобразили?
— Что?
— Ну, любовь на картине—как?
— Ну я не знаю. Я никогда никого не любила.
— Молоток!
— А Вы любили кого-нибудь, Мара?
— Кого?
— Ну... мужчину.
— Никогда!
— И мне тоже не везёт. А может быть, я не очень красивая, а? Мара, как Вы считаете?
— Ну я не знаю... У меня грудь больше. Картину вешать будем?
— Может быть, завтра?
— В каком смысле?
— Всё, я поняла, Вы надёжная. Я Вас беру.
— Куда?

— На работу. Вы мне подходите.
— Как? Нет, я не подхожу! Я готовить совсем не умею!
— Да я завтракаю и обедаю на работе. Когда возвращаюсь, ужинать уже поздно.
— Нет-нет-нет, я не умею стирать, гладить и убираться—я этого никогда не делала.
— Хорошо-хорошо, эту часть домашней работы я делаю сама.
— А зачем же я Вам тогда нужна?
— Ну, мы могли бы вместе пить чай, разговаривать.
— Нет, я вообще-то занята... очень.
— Ну хотя бы два часа в день!
— Нет-нет-нет, я уже всё понял...поняла, не уговаривайте!
— Ну, Мара! Мара! Ну куда же Вы?
— Я всё поняла!
— Постойте!

Задание 50. Опишите эмоциональное состояние Киры. Почему она в таком состоянии?

Задание 51. Опишите внешний вид Шурика-Мары. Во что он одет?

Задание 52. Образуйте уменьшительно-ласкательные формы от следующих слов.

> полка, хвост, пальто, Кира, мама, Роза, секунда, Шура, Света, цветок.

ЭПИЗОД 14

Задание 53. Переведите и выучите слова и словосочетания.

> персик, лимон, изменять (кому), судебный пристав, портрет, аршин (старинная русская мера длины, равная 0,711 метра), натюрморт, нелепый, жаворонок, рассчитаться.

Задание 54. Просмотрите и прослушайте эпизод 14. Проставьте ударения в тексте диалога. Прочитайте диалог выразительно.
— Персики-лимончики... Кто там?
— Это я.
— Роза! Сейчас, Розочка, сейчас! Роза, сейчас, погоди!
— Это я, Роза!

— Сейчас, Роза, сейчас!
— Кто там у тебя? Открой же!
— Иду, иду!
— Почему не открывал? Чем занимался?
— А я тут работал, понимаешь...
— Ты не один?
— Мамочке купил. На Новый год.
— Если ты будешь мне изменять, я напущу на тебя судебного пристава. А не будешь — прощу долг. Шутка, малыш! Я подумала: вот появление этой розы на моём портрете даст лёгкое ощущение... моего светлого одиночества. В правой руке? Или лучше в левой? А может на груди, а? Я прочитала у Мандельштама: «Холодно розе в снегу! На Севане снег в три аршина!» Как будто про меня! Как ты думаешь?
— Я думаю в правой, Роз. Но в другой раз, извини.
— Как это в другой? Ты обещал мне портрет к Новому году! Давай работать!
— Нет, Роз, извини, сегодня у меня другая работа.
— Другая что?
— Совсем не то, что ты думаешь. Это вот! Вот! Вот сюда, пожалуйста! Вот сюда. Вот — это к новому натюрморту! Послушай, Роза, это смешно! Это даже нелепо! Даже если бы у меня кто-то был, я свободный человек, понятно!
— Ты свободный?!
— Да, я свободный!
— Да не смешите меня, художник! Верните сначала деньги!
— Не дави на меня! Нельзя давить на жаворонка, если ты хочешь, чтобы он пел.
— А честный жаворонок, если не может рассчитаться деньгами, женится.
— Послушай, Розочка, мы уже выясняли с тобой этот вопрос. Прости меня душевно, но мне нужно работать.
— Работай! Работай, я тебе не помешаю! Просто полежу тихонечко на диване. Только не говори, что ты купил это маме на Новый год!
— Роза, пойми, у меня срочная работа! Я должен выполнить её до завтрашнего утра. Выполню — рассчитаюсь с тобой и с долгами! Так: коричневый убрать, оранжевый переходит в жёлтый, синий... Или наоборот?

Задание 55. Ответьте на вопросы.
1. Почему Кира выбрала в домработницы Мару?
2. Как Шурик добирался домой после кастинга у Киры?
3. Зачем Роза пришла к Шурику?
4. В чём Роза подозревает Шурика? Почему?

Задание 56. Определите, от каких глаголов образованы следующие существительные.

> извинение, ощущение, обещание, расчёт, изменение, понимание, открытие, давление, выяснение, выполнение.

ЭПИЗОД 15

Задание 57. Вспомните и прочитайте с правильной интонацией следующие предложения.

> Сейчас, Розочка, сейчас! Да, я свободный!
> Ты не один? Другая что?
> Как это в другой? Работай! Работай, я тебе не помешаю!
> Ты свободный?! Роза, пойми, у меня срочная работа!

Задание 58. Прочитайте текст диалога. Заполните пропуски подходящими по смыслу словами и выражениями.

— Здравствуйте!
— _____!
— 100 штрафных баллов за опоздание!
— _____!
— Желаю Вам всем приятного _____!
— Доброе _____!
— А почему опаздываем?
— А _____!
— Что это?
— А что? «Люби меня» — вот, пожалуйста! _____
— Секундочку! А зачем Вы принесли мне _____?
Я это уже видела.
— В смысле?
— _____, Шурик!
— Вы не _____!
— Хорошо, допустим, я что-то не _____, —подержите, пожалуйста, —но Вы мне можете объяснить, вот _____ изображено, извините?
— «Люби меня», как я тебя, надолго, на века...
— Пошляк!
— Ну _____?
— Сроку до Нового года, _____ —увольнение.

— Так это же уже _____!
— Может, я _____ понял?
— Да нет, вполне прилично.

Задание 59. Перескажите своими словами содержание эпизода.
а) от лица Шурика, б) от лица Киры.

Задание 60. Ответьте на реплики из эпизода своими словами.
— А зачем Вы принесли мне то же самое? _____
— Ну что там? _____
— Может, я что-то не так понял? _____
— А почему опоздали? _____
— Вы не правы! _____

ЭПИЗОД 16

Задание 61. Переведите и выучите слова и словосочетания.

> условия, отделаться, отвратительный, выпасть (выпадать), пылесосить, отставать, нелепый, вставлять(ся), подглядывать, скотина.

Задание 62. Просмотрите и прослушайте эпизод 16. Проставьте ударения в тексте диалога. Прочитайте диалог выразительно.

— Ой, Мара!
— Я согласна... на Ваших условиях.
— Проходите! Проходите, пожалуйста! Я очень рада, что Вы пришли. Сегодня можете приступить к работе.
— Так, вещички... Я уберу.
— Да. Я сегодня иду с начальником в ресторан. И не знаю, как от него отделаться. Может... Или... Мара, помогите мне, пожалуйста, одеться так, чтобы я казалась ему отвратительной. Что?
— Что такое?
— В глаз что-то попало!
— Ну-ка, дайте-ка, я посмотрю.
— Ой, нет-нет! Уже выпало! Уже выпало! Всё выпало уже. Вот знаете, я вот в этом ничего совершенно не понимаю. А давайте, я Вам лучше попылесошу! Как раз вот...
— Может, эту? Ой, что же такое одеть попротивнее, а?..
— А Вы оденьтесь, как на работу ходите, я б сразу отстала.

— Что?
— Ой, Мара, а дайте мне, пожалуйста, Ваше платье! Оно такое нелепое!
— Интересно! А я в чём останусь?
— А Вы возьмите моё. Вот. Вот это или вот это!
— Нет, я не могу: у меня грудь не вставится!
— Ну наденьте что угодно! Мара, я Вас очень прошу! Как подругу. Он скоро придёт. Туда. Ну, Мара, давай побыстрее! Пожалуйста, он же скоро придёт!
— Только не подглядывать!
— Хорошо.
— Мара?! Марочка, давай поскорее! Пожалуйста!
— Сейчас. Я и так уже... Вот.
— Спасибо!
— А! Это Антон! Сейчас открою! Здравствуйте!
— Здравствуйте, Кира! Как Вы прекрасно выглядите сегодня!
— Антон, проходите, пожалуйста, туда, я сейчас соберусь!
— Хорошо. Уау! Упс! Здравствуйте, милая девушка!
— Я домработница!
— Прекрасно! Какой хороший у Киры вкус! Горишь! Горишь на работе, моя девочка! Дай я тебя...
— Антон, я готова! Марочка! Марочка, дождитесь меня, пожалуйста.
— Вы не боитесь её оставлять одну дома?! Кира, Вы смелая женщина!
— Скотина!

Задание 63. Найдите в тексте эпизода фразы, означающие просьбу.

Задание 64. Ответьте на вопросы.
1. Почему Шурик-Мара всё же согласился быть домработницей?
2. О чём Кира попросила Мару?
3. Что сделали Кира и Мара?
4. Как отреагировал Антон на Мару?

ЭПИЗОД 17

Задание 65. Переведите и выучите слова и словосочетания.

> ракушка, макушка, скульптура, по-хамски (как хам), девка (женщина лёгкого поведения), дать отпор (кому?), добиваться (чего?), пятно, разводы, испортить (что?), карьера, спасти (что?).

Обратите внимание на разговорные выражения:

> тип = странный, ненормальный человек; разводить = обманывать (кого?)

Люби меня **урок 10**

Задание 66. Просмотрите и прослушайте эпизод 17. Проставьте ударения в тексте диалога. Прочитайте диалог выразительно.

— Так. С вещичками покончили—перейдём к мелочам. Что читаем? Журнальчики. Что слушаем? Так, так, так... Это всё... Это ракушечки-макушечки. Так-с, кухня красная, стенки серые, скульптурки непонятные... И что? И что? Американский стандарт! Интересно, а что у нас там?

— Что?

— Он прям в такси ко мне полез! Под юбку по-хамски. Что я ему—девка что ли какая-то?!

— Он и ко мне приставал! Животное! Я дала ему отпор!

— Я тоже ему дала! Так ведь он же меня теперь уволит!

— Может, оно и к лучшему?

— Да что Вы такое говорите, Мара! Я столько училась! Я так добивалась!

— Не плачьте! Не плачьте! Все они свиньи...

— Вот это точно—все! А один тип у меня на работе вообще...

— Что? Тоже лезет?

— Хуже! Я ему говорю: «Люби меня!», а он мне жёлтые пятна рисует! Я ему говорю: «Люби меня!», а он мне жёлтые разводы! Ну что я ему—тупая что ли какая-то, чтобы меня жёлтыми пятнами разводить.

— Нет, он не тупой, он просто понять не может.

— Марочка! Ну почему только женщины хорошо понимают друг друга? Вот Вы же меня понимаете, Мара. Ведь это так просто—«Люби меня!».

— Ничего! Он полюбит! Ведь Вы уже ему очень нравитесь.

— Нет! Всё испорчено! И карьера, и вечер!

— Ну уж, вечер! Вечер ещё можно спасти!

Задание 67. Ответьте на вопросы.

1. Зачем Шурик внимательно осматривал квартиру Киры?
2. Что интересного он увидел в одной из комнат?
3. Почему Кира так быстро вернулась домой?
4. Появилось ли что-то новое в отношениях Киры и Шурика?

Задание 68. Озвучьте эпизод по ролям с партнёром.

ЭПИЗОД 18

Задание 69. Переведите и выучите слова и словосочетания.

> заказывать, закусывать, быть (находиться) в стрессе, затея, выпить на брудершафт (с кем?), горький.

109

Обратите внимание на разговорные выражения:

> отвалить = отстать
> Ща как дам! = Сейчас ударю!
> без затей = очень просто
> хлобыстнём = выпьем

Задание 70. Послушайте песню Гарика Сукачёва «Белые дроги». Попытайтесь понять на слух, о чём в ней поётся. Проверьте себя по ключу. Пойте песню под музыку.

Задание 71. Просмотрите и прослушайте эпизод 18. Проставьте ударения в тексте диалога. Прочитайте диалог выразительно.

— Девочки, идите к нам!
— Отвали! Садись!
— Красотки, вот он я!
— Ща как дам! Отходи! Ни о чём не волнуйтесь!
— Здрасьте! Что будем заказывать?
— Здравствуйте!
— Здравствуй, Вадик! Как обычно.
— Не понял, мадам?
— Ну почему только девушки хорошо понимают друг друга? Водки—300.
— А! Понял! Закусывать будем?
— А как ты думаешь, Вадюша?
— Что-нибудь выпьете, дорогая?
— Ну, я, наверное, тоже водки.
— Правильно!
— Вам тоже, как обычно?
— Да, 50 грамм.
— Не понял!
— Ну... 100—я же в стрессе!
— Понял: в стрессе пить надо меньше.
— А вот ваш заказик, девочки!
— Ой-ёй-ёй-ёй-ёй! Здесь у нас, дорогая Кирочка, без затей. Зато отдыхаешь душой и сердцем. Благодарю Вас!
— Приятного вам аппетита!
— Спасибо!
— Ну-с, дорогая моя, за что хлобыстнём?
— Хлобыстнём?
— Ага!

— А знаете что, Мара, давайте с Вами выпьем на брудершафт и будем на ты!
— На брудершафт?
— А что? Давайте-давайте!
— Ой, Мара! Ой, какая она горькая!
— Ты!
— Ой, Мара! Какая ты смешная!

Задание 72. Образуйте уменьшительные формы от следующих слов.

лимоны, вещи, журналы, ракушки, макушки, скульптуры, заказ.

ЭПИЗОД 19

Задание 73. Переведите и выучите слова и словосочетания.

барышня, прозвище, прошить (что? чем?), звездопад, жестокий, обалдеть, вести (в танце) (кого?), капать кровью.

Задание 74. Прочитайте текст диалога. Заполните пропуски подходящими по смыслу словами и выражениями.

— Вы часто здесь _____?
— Да! Здесь все— _____!
— А вы _____, барышни, за чьим столиком вы _____ сидите?
— Не знаем и знать _____!
— А за чьим?
— Этот столик _____.
— Да?
— И великого _____ по прозвищу Шу...
— Ой, интересно, а _____? Я бы с удовольствием с ним _____!
— А со мной познакомиться не хотите?
— _____!
— А меня зовут Кира. Мне очень _____, как Вы поёте! А как Вас зовут?
— Имя моё _____ Вам ветер. Или же ночь, прошитая звездопадом!
— Кира, ты поняла, не знакомься с ним. Он сам не _____, как его зовут!
— Эх, говорила мне мама: «У всех красавиц жестокое _____». Потанцуем?

— Чё, обалдел что ли?

— Я поведу!

— Я с _____ не танцую! Да, Кир?

— Угу!

— Ну всё, я в тебя _____ окончательно! Эх, душа моя, косолапая! Что ж ты стонешь-болишь, кровью капая?

— Так. А ну, пойдём, _____! Ни с кем тут без меня пока не знакомься. Пойдём-пойдём, _____!

— Жди!

Задание 75. Ответьте на вопросы.

1. Куда пришли Кира и Шурик?
2. Почему охранник на входе не впускал их?
3. Что заказал Шурик? А Кира? Почему?
4. Почему Мара и Кира перешли на ты?
5. С кем познакомились подруги?
6. Что произошло между Шуриком и его другом?

Задание 76. Преобразуйте прямую речь в косвенную.

Шурик: Здесь все мои друзья.
Музыкант: Это столик моего друга.
Кира: А как Вас зовут?
Музыкант: Имя моё расскажет Вам ветер.
Шурик: Ни с кем тут без меня пока не знакомься.

ЭПИЗОД 20

Задание 77. Переведите и выучите слова и словосочетания.

степь, причитать, натуральный, орден, катиться; ни хрена не понимать = ничего не понимать.

Задание 78. Просмотрите и прослушайте эпизод 20. Проставьте ударения в тексте диалога. Прочитайте диалог выразительно.

— Да, брат! Вот это да!

— Влюбился, говоришь? Ну-ка, дай закурить!

— Шурик! Это ты!

— Нет, не я! Это маленькая одинокая звёздочка, летящая над ночной степью.

— А что, маленькая одинокая звёздочка, летящая над какой-то там степью, на кого ты вот сейчас похож?

— На красавицу с жестоким сердцем?

— Вот именно. А мне опять не повезло.

— Да ладно, перестань ты причитать! Тебе ещё повезёт: найдёшь хорошую натуральную девушку.

— Так вот это вот всё из-за неё?!

— Ну да.

— Влюбился?

— Не знаю.

— Она хоть знает, что ты мужик?

— Нет, ты чё!

— А ты уверен, что она не мужик?

— Абсолютно!

— Эх, на какие жертвы приходится идти нам ради баб, а они ни хрена не понимают!

— Ой, не говори! Нормально?

— Дурак! Твой отец, между прочим, когда влюблялся, ордена одевал! Куда катится этот мир!?

Задание 79. Ответьте на вопросы.

1. Почему друг Шурика сказал, что ему не повезло?
2. О чем спрашивал Шурика его друг?
3. Как отнёсся друг Шурика к его переодеваниям?

Задание 80. Слушайте предложения, отмечайте в своём списке слова, которые услышите.

> абсолютно, уговорить, девушка, баня, приходится, филологи, одинокий, зачем, влюбляться, переулок, звёздочка, кабак, понимать, плавать, летящий, маленький, повезти.

ЭПИЗОД 21

Задание 81. Переведите и выучите слова и словосочетания.

> рюмочка (рюмка), менеджер, супервайзер (наблюдатель, инспектор), уронить, неожиданность.

Задание 82. Просмотрите и прослушайте эпизод 21. Проставьте ударения в тексте диалога. Прочитайте диалог выразительно.

— А она покрасивее тебя будет, браток.
— Иди ты!
— Пойду-ка я её поцелую. Рюмочку! Ну-ка, ребята. Спокойно, ребята. Спокойно! Что ж вы...
— Ой, кто это? Кто это к нам пришёл?!
— Ну чё ты делаешь? Барыга, погуляй!
— Марочка! Марочка, я так счастлива! Ты знаешь, я познакомилась со всеми твоими друзьями! И они мне так... Что ж такое! Ой, как хорошо, что ты меня вывела сюда!
— Мара, ты такая сильная! Ну почему мужчины не могут быть такими как ты? Такими надёжными, верными... Ой, осторожно!
— Трудно нам, девушкам.
— Так поставь меня на ноги, тебе так будет легче!
— Я устану—ты меня понесёшь!
— Ой, я не могу. Как мне надоели эти менеджеры! Эти супервайзеры! Слушай, я так хочу, чтобы один мужчина, очень сильный, подошёл ко мне и сделал... Ой, держи-держи, не урони! Марочка! Вот, ну он художник. Я тебе о нём говорила. Я хочу, чтобы он подошёл и сделал какую-нибудь неожиданность прям при всех!
— Чё?
— Ой, что ты делаешь!

Задание 83. Прочитайте реплики вместе с партнёром, отреагируйте на эти реплики без опоры на текст фильма.

Образец:
— На кого ты вот сейчас похож?
— На неизвестно кого.

— Что будем заказывать?
_____

— Вы часто здесь бываете?
_____

— Это вот всё из-за неё?
_____

— А ты уверен, что она не мужик?
_____

— Ну что ты делаешь?
_____

— Кто это к нам пришёл?
_____

ЭПИЗОД 22

Задание 84. Переведите и выучите слова и словосочетания.

> внезапный, напор, натиск, министерство, принимать (что?), чёрствая, болтать, калькулятор, тошнить, похмелье, распитие.

Задание 85. Просмотрите и прослушайте эпизод. Поставьте реплики в правильном порядке.

— Вот это «Люби меня» по-настоящему! Внезапно: напор и натиск.
— Начальство всегда получает больше.
— Почему?
— Что? Сделал?.. Ой! Как бы я хотела, чтобы меня любили так же талантливо!
— Шурик! Сто штрафных!
— Боже! Боже, какая нежность!
— Так. За опоздание — 200 баллов. А вам — по 100 за то, что болтаете.
— Интересно, а себе она тоже 100 штрафных баллов поставит?
— Калькулятор.
— Шурик! Ой, как это точно! Вот так меня любил мой первый муж. А вот так — второй! А вот так — Михаил Георгиевич, из министерства. А вот так — моя собачка Тобка. Только она не примет.
— Потому что холодная, чёрствая и никого не любила. Никогда! Даже собачку.

Задание 86. Просмотрите и прослушайте эпизод. Проставьте ударения в тексте диалога. Прочитайте диалог выразительно.

— Ой, боже мой, дай мне пережить этот кошмар!
— Здравствуй, Кира. Как ты себя чувствуешь?
— Ты? А мы что с Вами пили на брудершафт?
— Ну... не то, чтобы очень...
— Что Вам?
— Кира, я хотел объяснить Вам...
— «Люби меня»?
— Да. Конечно...
— Ой, Вы знаете, я сейчас не могу...
— Хорошо. Я зайду в другой раз.
— Хотя... Давайте, я попробую. Так. Угу. Ой! Ой, нет! Уйдите, пожалуйста! Ой, меня от Ваших картинок тошнит.
— Вас тошнит не от моих картинок, а оттого, что Вы с похмелья.
— Пошляк! О боже! Кажется, я вчера это уже говорила... Что Вы делаете?

— Пейте!

— Я не могу!

— Пейте!

— 150 штрафных баллов за распитие. Хотя... Откуда он знает про похмелье? Странно.

Задание 87. Ответьте на вопросы.

1. Как оценили сотрудницы новые эскизы Шурика?
2. Почему, по мнению Серафимы Павловны, Кира не примет эскизы?
3. Приняла ли Кира эскизы? Почему?
4. Что сделал Шурик для Киры? Зачем?

ЭПИЗОД 23

Задание 88. Переведите и выучите слова и словосочетания.

> шёпот, шептать, Крым, хрупкий, проект близок к завершению (далёк от завершения), грамотная концепция, серия, свободное применение, сырой, новое слово (в чём?), классификация (чего?), доверие.

Задание 89. Просмотрите и прослушайте эпизод 23. Проставьте ударения в тексте диалога. Прочитайте диалог выразительно.

— Почему не нравится? Это же всё, что Вы любите. Вот. Это шёпот моря в Крыму.

— Послушайте...

— Вот это — маленькая одинокая ёлочка шепчет: «Люби меня!»

— Успокойтесь!

— Вот это — первая прогулка вдвоём, в парке напротив. Это же всё хрупкие вещи! Как это можно не понять? Или вот это?

— Ну, я так понимаю, что проект «Люби меня» близок к завершению.

— Нет. Он ещё очень далёк от завершения. Я не успела к Новому году, и Вы вправе меня уволить.

— Какая грамотная концепция! Это же целая серия! Вот: мыло «Люби меня» в деревне. Вот: мыло «Люби меня» в отпуске. Вот, конечно: «Люби меня» в свободном применении. Это как раз то, чего я от Вас и хотел, Кира, а Вы не поняли. Вот теперь я могу спокойно Вас уволить.

— Нет-нет! Кира абсолютно права: это всё сыро. Это всего лишь пятна, мои впечатления и не более.

— Ничего подобного! Это, вот это — это прекрасно. Вот это — вообще новое слово в рекламе.

— Зачем же Вы спорите? В рекламе нужен продукт! Бренд! К тому же классификация Маслоу. А что нам говорит Маслоу?

— А что нам говорит Маслоу?

— Маслоу нам говорит... Помыться! Поэтому Кира абсолютно права, это всё нужно переделать, чем я сейчас и займусь.

— Но нам надо...

— Огромное спасибо за доверие! Спасибо!

— Пожалуйста! До свидания!

— До свидания! Отличный сотрудник! Горит! Кира! Вы понимаете, он горит на работе, только кого-то мне напоминает.

— А, может быть, Вашего сотрудника, ведущего художника...

— Кстати, о работе. Вы довольны домработницей, которую я Вам прислал?

— Да, очень.

— Мне она тоже очень нравится. Пришлите мне её на вечерок, хоть сегодня.

— Вы что, серьёзно?

— И работайте спокойно: Вы мне уже не интересны.

Задание 90. Ответьте на вопросы.

1. Как оценил Антон эскизы Шурика?
2. Какое решение он принял относительно Киры?
3. О чём Антон попросил Киру?

Задание 91. Составьте предложения со словами.

> проект, домработница, применение, впечатление, спорить, переделать, довольный, грамотный, серия, доверие, реклама.

ЭПИЗОД 24

Задание 92. Переведите и выучите слова и словосочетания.

> делать карьеру, унизиться (унижаться), дорабатывать (что?), вознаграждать, паразит, волшебный, разработка.

Задание 93. Прочитайте текст диалога. Заполните пропуски подходящими по смыслу словами и выражениями.

— В чём дело?

— Не подходи _____! Я всё _____.

— Мы всё _____.

— Не плачь, Олечка, он же просто карьеру _____.

— А что, за это _____ премию получить.

— Ты... ты же художник, гений, _____... Зачем ты так унизился? Ну _____? Правда?

— Ну конечно!

— Ну тогда _____.

— Поздравляю вас с наступающим _____! Рабочий день окончен.

— Как окончен? Кира! Я _____ ...Ну подождите, Кира!

— Премию побежал дорабатывать.

— Человек _____ «Люби меня» и вознаграждён. Ты сделаешь «Смерть паразитам» и тоже что-нибудь _____.

— Волшебная _____ искусства.

— Интересно, а что же я _____ за разработку кошачьего туалета?

— Кира, я _____ Вам ещё вчера...

— Скажете после Нового года. Извините, мне не до Вас. Ваш проект принят, я Вас _____.

— Кира, Вы можете постоять хотя бы...

Задание 94. Ответьте на вопросы.

1. Почему заплакала Оля?
2. Как вы думаете, что сказал Оле Шурик?
3. Как оценили поведение Шурика другие сотрудницы?
4. Почему рабочий день закончился так рано?
5. Что хотел сказать Шурик Кире?

Задание 95. Найдите ошибки в утверждениях.

1. Кира утвердила эскизы Шурика.
2. Антон попросил Киру приехать к нему вечером.
3. Шурик был очень рад завершению проекта.
4. Антон всё ещё интересуется Кирой как женщиной.
5. Оля считает, что Шурик влюбился в Киру.
6. Одна из сотрудниц занимается разработкой собачьего туалета.
7. Кира обрадовалась завершению проекта, поэтому отпустила всех домой пораньше.

ЭПИЗОД 25

Задание 96. Переведите и выучите слова и словосочетания.

> положить (кого?) на алтарь искусства; обнажить (что?), застегнуть (что?), содомит, прочь, побриться, вернуть (что?), описывать имущество, офис завешан, запятнать (что?), биография, честь, извращенец, парик, чуточку накраситься, одолжить, жалко.

Задание 97. Просмотрите и прослушайте эпизод 25. Проставьте ударения в тексте диалога. Прочитайте диалог выразительно.

— А! Роза! Ты что здесь делаешь?
— Я? Пришла положить тебя на алтарь твоего искусства. Может быть, мне для этого грудь обнажить правую или левую? Куда ты так торопишься, мой художник?
— На работу.
— На работу? А!
— Помоги! Ну застегни, я опаздываю!
— Так вот почему тебя не интересует нормальная, красивая, богатая женщина.
— Давай-давай-давай!
— Бельё-то ты мог бы купить получше! Содомит!
— Получу премию—куплю. Так. Это прочь, это прочь, это—вот сюда, это—сюда. Ну как? О боже! Ещё не побрился!
— Так, я поняла. Деньги ты мне не вернёшь. Ну что, будем описывать имущество?
— Розочка, дорогая, что здесь описывать? Хочешь, картины забери.
— Да твоими пятнами у меня завешан весь офис! Ты запятнал мне всю жизнь, биографию, честь! Извращенец!
— Дорогая, я должен успеть побриться, надеть парик и хоть чуточку накраситься. Ой! Одолжи на вечер, подруга!
— Хам... ка!
— Что, жалко?

Задание 98. Вспомните и прочитайте с правильной интонацией следующие предложения.

Вы что, серьёзно?	Давай-давай-давай!
Ну конечно!	О боже! Ещё не побрился!
Как окончен?	Одолжи на вечер, подруга!
Вы можете постоять хотя бы…	Что, жалко?
Куда ты так торопишься, мой художник?	

ЭПИЗОД 26

Задание 99. Переведите и выучите слова и словосочетания.

> по поручению коллектива, снять маску, сюрприз, халат, наряжать ёлку, нарезать снежинки, не блистать красотой, писаная красавица, заступиться, ругать, обидеться, признаваться (в чём?), отпускать (кого?), разбиться, похоть, обречённый, домогаться (кого?).

Задание 100. Просмотрите и прослушайте эпизод 26. Проставьте ударения в тексте диалога. Прочитайте диалог выразительно.

— Кто там?
— С Новым годом!
— Что, опять по поручению коллектива? Ну, поздравляйте!
— С Новым годом, дорогая! Это я!
— Ой, Мара, а я тебя сразу не узнала! Я подумала, что это совсем другой человек. И голос мне показался похожим. Да сними ты эту дурацкую маску! Ну проходи!
— Снимаю первую маску—оп-па! Ну что, удался сюрприз?
— Ой, Мара, ты такая смешная в этом халате! Как хорошо, что ты пришла!
— О, ёлочка! Ура!
— Да. И мы сейчас с тобою вместе будем её наряжать! Смотри, сколько я снежинок нарезала! Мара?
— Да.
— А ты будешь со мною встречать Новый год?
— С тобой вдвоём, да?
— Да. Ну, кроме тебя, у меня никого нет.
— Глупости! Наверняка, кто-нибудь есть. Сейчас угадаю: кто-нибудь с работы. Какой-нибудь романтичный художник. Может быть, не красавец, но ведь не это главное. Я ведь тоже красотой не блещу.
— Да ты что, Мара. Ты по сравнению с ним—писаная красавица.
— Правда?
— Да.
— Любопытно весьма.
— Ой, он такой необыкновенный. Заступился за меня перед начальником, хотя я его всё время ругала. Хочет мне что-то объяснить, волнуется... А сегодня взял меня и поцеловал, как я и мечтала, прям при всех.
— Хочешь с ним встретить Новый год?
— С ним? Ты знаешь, я его так обидела...
— А он не обиделся.

— Мара, ты такая добрая, ты судишь по себе.

— Нет, я не добрая. Кир, я должна тебе кое в чём признаться.

— Боже мой, как трагично! Ты, наверное, влюбилась в кого-нибудь, да?

— Угу.

— Ну признавайся.

— Я тебя люблю.

— Ну и что в этом такого? Я тебя тоже люблю. Ты мне стала близкой подругой.

— Нет. Я не подруга, я...

— Да! Да, Антон. Да, Мара у меня. Нет, она к Вам не пойдёт, я её не отпускаю. Да, я всё поняла. И Вас с наступающим!

— Что случилось?

— Ничего особенного. Меня увольняют с работы. Все теории профессора Смита разбились о похоть моего начальника.

— Ну, значит они были обречены.

— Я тоже обречена.

— Он что, опять домогался тебя?

— Тебя. Я ему уже не интересна, он требует тебя прислать на вечерок. Прям сейчас.

— Зачем? А! Ах он, животное!

— Я ему отказала, и он сказал, что он меня уволит.

— Не плачь, не уволит. Я, пожалуй, посещу его. А что, это даже интересно.

Задание 101. Ответьте на вопросы.

1. Зачем Роза приходила к Шурику?
2. Что подумала Роза о Шурике?
3. Почему Шурик сказал: «Снимаю первую маску»?
4. Что Кира рассказала Маре о Шурике?
5. Что произошло между Кирой и Антоном?

Задание 102. Найдите в тексте эпизода слова, связанные с празднованием Нового года.

ЭПИЗОД 27

Задание 103. Переведите и выучите слова и словосочетания.

> полподъезда, вынянчить, бог (чего?) не даёт, спутница, задушить, покачать, неумёха, развлекаться, кокетничать, командовать, положиться (на кого?), справиться.

Задание 104. Просмотрите и прослушайте эпизод 27. Проставьте ударения в тексте диалога. Прочитайте диалог выразительно.

— Ой, кто это к нам идёт? Привет. Заходи быстрей—ребёнка простудишь.
— Здрасьте!
— Все-таки пришла, не ждал.
— А Вы тоже подрабатываете, да? Бэби-ситтером!
— Абсолютно бесплатно. Люблю детей маленьких. Полподъезда вынянчил, соседи пользуются. Тихо-тихо! А самому бог детей не даёт. Не встретил ещё мать, жену, подругу, спутницу. Не встретил!
— Что? Что я должна делать?
— Да посиди, пока дитё заснёт.
— Громко кричит. Болеет? А, может быть, мне врача вызвать?
— Есть хочет—вот и кричит. Ну-ка, подержи. Счас. Слушай, ты так задушишь его. Осторожней! Ну покачай как-то его!
— Отпусти, отпусти, отпусти меня! Тёте больно. Не надо.
— Спой ему песню!.. Замолчи, пожалуйста, не пой: от такого пения любой закричит. Нормально. Как держишь? Своих нет—сразу видно, неумёха! Ну, давай поедим и поспим.
— Я спать не буду!
— Не слушай её. Тёти всегда так говорят, что они не будут. Но нам об этом ещё думать рано. Мы ещё маленькие.
— Маленькие, добренькие, мы с работы никого увольнять не будем, правда?
— Поспим и потом вырастем. Ну не хочет спать. Конечно! Хочет развлекаться. Какая красивая тётя! Хотим, чтобы тётя станцевала! Ну, танцуй, Мара!
— Ну это же смешно! Я не умею.
— Смотри, засыпает. Это он засыпает, потому что ты правильно танцуешь. Мара, ты так танцуешь, что с тобой сразу хочется спать. Наконец-то я встретил женщину, которая правильно ведёт себя с ребёнком. Ты не кокетничаешь, не командуешь. У тебя сильные руки, крепкая спина, на тебя можно положиться. Позволь!..
— Ну, как наш малыш? С Антоном справились?
— С Антоном справилась, малыш спит!

Задание 105. Ответьте на вопросы.

1. Почему дома у Антона был маленький ребёнок?
2. Почему у Антона нет своих детей?
3. Отчего ребенок плакал?
4. Что придумал Антон, чтобы успокоить ребенка?
5. За кого приняли родители ребенка Мару?

Люби меня **урок 10**

ЭПИЗОД 28

Задание 106. Переведите и выучите слова и словосочетания.

> чудовище, охрипнуть, узнавать (кого?), прекратить, предательница, подлый, шпион, отвести (отводить), горькая истина, спор, возвышающий, личное дело, наносное, лебедь.

Задание 107. Просмотрите и прослушайте эпизод 28. Проставьте ударения в тексте диалога. Прочитайте диалог выразительно.

— Марочка! Мара! Прости меня, что я позволила тебе пойти к нему! Он... чудовище! Я так бежала, хотела успеть. Он тебя обидел?

— Меня?

— Да.

— Не смог.

— А что у тебя с голосом? Ты охрипла? Ах! Ты сильно кричала?

— Не сильно.

— Мара! Что он с тобой сделал? Я тебя не узнаю.

— Совсем? А так?

— Ты что? Ты... не Мара?

— Нет, но я всё равно люблю тебя, Кира! Я знаю, что я обманывал тебя, понимаешь, но женщина... она в мелочах. Я хотел узнать, какая ты на самом деле.

— Отпустите меня!

— Ну это всё из-за мыла. Ну помнишь, для того, чтобы сделать «Люби меня». Ну а потом, когда я узнал, какая ты на самом деле, я уже не мог прекратить. Я уже полюбил тебя. Но ведь и ты тоже полюбила Мару.

— Мара! Предательница! А ты — подлый шпион! Тоже мне... Мата Хари[1]!

— Кира! Как Вы кстати! Вот что значит — хороший сотрудник. Отведите... Отведите меня к ней!

— К кому?

— К Вашей домработнице, к Маре.

— Послушайте, это не домработница, и не Мара. Это чудовище и это горькая истина.

— Пускай, «низких истин нам дороже нас возвышающий обман»! Давайте забудем наши споры, Кира! Отведите меня к ней и работайте спокойно!

— Да?

— Да.

---

1. Исполнительница экзотических танцев, куртизанка и одна из самых известных шпионок Первой мировой войны.

— Вам станет плохо, точно так же, как и мне.
— Я готов. Вы знаете, где она живёт?
— Да, я видела в личном деле.
— Какая женщина! Какие у неё крепкие руки! С меня, знаете, слетело всё наносное.
— Хорошо. Идёмте!
— Идёмте! Её шея... она как лебедь!

Задание 108. Ответьте на вопросы.

1. Почему Кира бежала к Антону?
2. Как Шурик объяснил Кире свои переодевания?
3. Какая реакция была у Киры, когда она узнала, что Мара—это Шурик?
4. С кем Кира сравнила Шурика-Мару?
5. Чего хотел Антон от Киры? Почему?
6. Как вы думаете, чем закончится эта история?

ЭПИЗОД 29

Задание 109. Переведите и выучите слова и словосочетания.

> подобрать (что? для кого?), ненадёванный, трогательно, вычурно, понадобиться, вьюга, буря, вредный.

Задание 110. Просмотрите и прослушайте эпизод 29. Проставьте ударения в тексте диалога. Прочитайте диалог выразительно.

— Я подумала, если ты не хочешь взять меня в жёны, может быть, мы станем подругами? Я подумала, подруг ведь у меня тоже нет. Вот, я тебе подобрала. Почти ненадёванное.
— Роза! Ой, спасибо тебе! Очень трогательно. Но, думаю, это уже мне не понадобится.
— Почему?
— Ну... почему... Вот так.
— А я подумала: умру, а от меня не останется даже портрета.
— Ну почему же не останется! Давай допишем твой портрет! Ты, кажется, там хотела что-то обнажить... Или с розой?
— Правда?
— Ну конечно, правда!
— У Мандельштама—это вычурно. Пусть будет, как у Пушкина про неё написано: «Открыты шея, грудь, и вьюга ей в лицо, но бури севера не вредны русской розе!»

— Русской розе? Ну, хорошо, русская Роза, иди, готовься!
— Правда?!
— Ну конечно!

Задание 111. Посмотрите часть эпизода без звука, постарайтесь догадаться, о идет речь. Проверьте себя, просмотрев эпизод со звуком и по ключу.

Задание 112. Подготовьте краткий пересказ содержания фильма.

Задание 113. Кому принадлежат следующие реплики?
1. С завтрашнего дня приходить только в юбке.
2. Ой, девочки, какая худая!
3. Быстрее съедим—быстрее разойдёмся.
4. Американский стандарт!
5. Ну тогда моцион, для здоровья.
6. Женщина в мелочах!
7. Ну наконец-то! Где Вы пропадаете?
8. Любите мужиков, да?
9. Только не говори, что ты купил это маме на Новый год!
10. Здрасьте! Что будем заказывать?
11. Говорила мне мама: «У всех красавиц жестокое сердце».
12. Ни с кем тут без меня пока не знакомься.
13. Куда катится этот мир!?
14. Вот она—жена, вот она—мать, вот она—подруга, вот она—спутница!
15. Так не бывает!

Задание 114. Посмотрите фильм от начала и до конца без опоры на текст. Оцените, как много информации вы поняли.

Задание 115. Напишите небольшое сочинение о своих впечатлениях от просмотренного фильма.

Иван Васильевич меняет профессию

Режиссер: Леонид Гайдай

В ролях: Александр Демьяненко (Шурик), Юрий Яковлев (Бунша, Иван Грозный), Леонид Куравлев (Жорж Милославский), Наталья Крачковская (жена Бунши), Савелий Крамаров (Феофан) и другие.

"Ненаучно-фантастический, не совсем реалистический и не строго исторический фильм" по мотивам пьесы Михаила Булгакова "Иван Васильевич". Шурик, знакомый нам по другим лентам Леонида Гайдая, в этой комедии уже изобретатель, сконструировавший в своей обычной, московской квартире... машину времени. На этой машине управдом и квартирный вор случайно попадают во времена Ивана Грозного, а сам царь Иван Васильевич перемещается в наше время.

ЗАДАНИЯ К ФИЛЬМУ

ЭПИЗОД 1

Задание 1. Переведите и выучите следующие слова и словосочетания.

> безответственные опыты, обесточиваться, корпус (корпус дома), полезное изобретение, ставить опыты, электричество, электрическая энергия, использовать в мирных целях, отпуск, представитель общественности, заявлять, пережечь пробки (электрические), повысить напряжение, риск.

Задание 2. Прочитайте текст диалога, проставьте ударения в тексте. Прочитайте диалог выразительно.

Шурик. А, чёрт!

Бунша. Товарищ Тимофеев, когда это кончится?

Шурик. Счас, заканчиваю!

Бунша. Я спрашиваю, когда кончатся Ваши безответственные опыты, в результате которых обесточивается весь наш корпус, понимаете?!

Шурик. Пожалуйста! Если бы Вы знали, Иван Васильевич, над каким полезнейшим изобретением я сейчас работаю! Какие опыты ставлю! Вы бы так не говорили.

Бунша. Опыты с электричеством, дорогой товарищ, нужно ставить на работе, а дома электрическую энергию следует использовать исключительно в мирных, домашних целях. И сколько раз я Вам говорил!

Шурик. Я в отпуске и потому работаю дома.

Бунша. А я... а я...

Шурик. И все мои опыты абсолютно безопасны...

Бунша. А я Вам, как представитель общественности, заявляю... Прекратить! Сегодня Вы пережгли пробки, понимаете, а завтра пережжете весь дом! Ну?

Шурик (коту). Ну, что ж! Придётся повысить напряжение. Опасно? Конечно, опасно! Но риск, как говорится...

Задание 3. Ответьте на вопросы.

1. Чем занимается Шурик?
2. Кто такой Бунша? Какой у него характер?
3. Почему Шурик работает дома?
4. Чем недоволен Бунша?

Задание 4. Найдите в тексте эпизода слова и словосочетания, имеющие отношение к электричеству.

ЭПИЗОД 2

Задание 5. Переведите и выучите следующие слова и словосочетания.

воображать, скандал, утомлять, аппарат, погубить, прославить, мешать, ужасное известие, свершиться, возражать, не нужно сцен, угадать, играть в прятки, блондин, безобразие, место для съёмки (фильма), дать квартиру, размышлять, бессонные ночи, подходить друг другу, поражаться спокойствию, дублёнка, оригинальный, повеситься, хам.

Задание 6. Обратите внимание на разговорные выражения.

увели перчатки (украли перчатки), врать (обманывать), оскорблять из ревности (оскорблять по причине ревности), тянет устроить скандал (очень хочется устроить скандал), выписывать (выписывать из квартиры), у Вас характер (вы человек с характером).

Задание 7. Просмотрите и прослушайте эпизод 2. Прочитайте текст диалога. Заполните пропуски подходящими по смыслу словами и выражениями.

Зина. Воображаю, что _____! Только бы не скандал. Они так утомляют, эти скандалы. _____ я разводилась... Ну да, три. Зюзина я не считаю. _____ я так не волновалась. Ну, ладно. _____!

Зина. Ах, Шурик, Шурик! _____ тебя погубит. Но ведь _____ же так!

Шурик. Мой аппарат, Зиночка, меня прославит. _____.

Зина. Да?! Хм... Ты _____, что я тебе мешаю. Но я _____ сообщить тебе ужасное известие. У меня _____ увели перчатки. И я полюбила _____. Ты меня _____, Шурик?

Шурик. Ну, перчатки. Что, перчатки-то?

Зина. Да не перчатки! А я _____! Ну вот, свершилось! Только не возражай мне и _____ сцен... Что? Ты _____, кто он? Конечно, _____, что это Молчановский? Нет. Не угадал. Зуберман? Опять не угадал. Ну, ладно, _____ играть в прятки. Это кинорежиссер Якин.

Шурик. Так, так, так, так, так, так, так...

Зина. Однако, это странно. Это _____ в моей жизни. Ему сообщают, что _____ от него _____, а он: "Так, так, так, так, так, так"! Даже как-то _____.

Шурик. Это... Как его... Блондин... _____...

Зина. Ну, уж это безобразие. До такой степени не _____ женой. Блондин—Молчановский. _____ это уже. Молчановский! А Якин... Якин—талантливый. Что? Ты _____, где мы будем _____? Сегодня мы _____ с ним в Гагры. Выбирать _____ для съемки. А потом... Потом ему должны дать _____. Если, конечно, он не врёт.

Шурик. _____, врёт...

Зина. Ах, как это _____! Из ревности оскорблять _____. Ну, не может же он _____ врать. Я долго размышляла во время бессонных ночей... и пришла к выводу, что мы не подходим _____. Пойми, Александр. Я вся в _____! В искусстве! Однако, я поражаюсь твоему спокойствию. И _____, Шурик, как-то вот тянет устроить скандал.

Шурик. _____.

Зина. _____?

Шурик. _____.

Зина. Ну, прощай, Шурик. ... _____ меня пока не выписывай. Все-таки, мало ли что _____.

Ульяна. Александр Сергеевич, одну минуточку! Передайте Зинаиде

Михайловне, что Розалия Францевна говорила Анне Ванне, что Капитолина Никифоровна дублёнку предлагает...

Шурик. Я ничего не смогу передать Зинаиде Михайловне, она уехала.

Ульяна. Куда уехала?

Шурик. С любовником на Кавказ.

Ульяна. Как с любовником? И Вы об этом так спокойно говорите? Оригинальный Вы человек!

Шурик. Извините, Ульяна Андреевна, я занят.

Ульяна. Однако, у Вас характер. Будь я Вашей женой, я бы тоже уехала.

Шурик. Если бы Вы были моей женой, я бы повесился.

Ульяна. Хам!

Задание 8. Прослушайте диалог ещё раз и проставьте ударения в тексте. Прочитайте диалог выразительно.

Задание 9. Ответьте на вопросы.
1. Опишите Зину. Кто она по профессии?
2. Почему она уходит от Шурика?
3. К кому она уходит? Как она объясняет свой уход?
4. Куда и зачем Зина собирается ехать с Якиным?

Задание 10. Соедините антонимы.

волноваться	прославит
блондин	ужасный
возражать	обыкновенно
прописывать	успокоиться
занят	беспокойство
спокойствие	брюнет
погубит	соглашаться
прекрасный	выписывать
странно	свободен

ЭПИЗОД 3

Задание 11. Переведите и выучите следующие слова и словосочетания.

стоматологическая поликлиника, добавочный, артистка, безумно, настойчивый, сберегательная касса.

Задание 12. Просмотрите и прослушайте эпизод 3. Прочитайте текст диалога, проставьте ударения в тексте. Прочитайте диалог выразительно.

Жорж. Стоматологическая поликлиника? Аллё! Добавочный 3-62. Будьте добры! Позовите, пожалуйста, Антон Семеныча Шпака... Будьте любезны!

Медсестра. Антон Семенович, Вас!

Шпак. Кто спрашивает?

Медсестра. Хм... Какая-то женщина.

Шпак. Не закрывайте рот! Я слушаю!

Жорж. Антон Семенович! Здравствуйте! Вы до которого часу сегодня работаете? Говорит одна артистка. Нет, нет, незнакомая. Но безумно хочу познакомиться! О-хо-хо... О-хо-хо... Хмммм-хм. О-хо-хо... Так значит, до четырех. А я Вам еще позвоню. Я очень настойчивая.

Шпак. Жду!

Шпак (пациенту). Ну-с, продолжим.

Жорж. Это я удачно зашел!

Жорж. Граждане! Храните деньги в Сберегательной Кассе! Если, конечно, они у вас есть.

Задание 13. Ответьте на вопросы.

1. Кто такой Жорж Милославский?
2. Зачем он звонил Антону Семёновичу Шпаку на работу?
3. Что Жорж собирается сделать?
4. Что произошло в квартире Шпака?

Задание 14. Придумайте короткие диалоги, используя следующие фразы.

> Это я удачно зашел!
> А я Вам еще позвоню.
> Вы до которого часу сегодня работаете?

> Ну-с, продолжим.
> Кто спрашивает?

ЭПИЗОД 4

Задание 15. Переведите и выучите следующие слова и словосочетания.

> снизить показатели, от лица общественности, повременить, конец квартала, сколько душе угодно, впечатление, бредить, подозрительный, заявить, пронизать пространство, делать с разрешения соответствующих органов, неслыханный.

Задание 16. Просмотрите и прослушайте эпизод 4. Прочитайте текст диалога. Заполните пропуски подходящими по смыслу словами и выражениями.

Шурик. Ну, какое Вам дело _____, что у нас произошло с _____? Разводимся с ней мы или _____... Это наше личное _____.

Бунша. Ошибаетесь, уважаемый, это _____ общественное. Вы своими _____ резко снижаете наши показатели.

Шурик. Так что же Вы _____?

Бунша. От лица общественности _____ повременить с разводом до конца квартала. _____? А потом разводитесь, _____ Вашей душе угодно.

Шурик. Когда Вы _____, Иван Васильевич, впечатление такое, что Вы бредите.

Бунша. В каком _____? И опять-таки насчет Вашей подозрительной машины. Я _____, Александр Сергеевич, я Вас прошу, заявите, заявите! А то _____ заявим!

Шурик. Постойте! _____! Ничего в этом аппарате нет подозрительного. Просто я изобрёл _____. Словом, я могу пронизать пространство и уйти в _____.

Бунша. Уйти в _____?

Шурик. _____.

Бунша. Такие опыты, уважаемый Александр Сергеевич, _____ только с разрешения соответствующих органов.

Шурик. Подождите, Иван Васильевич! _____ принесёт неслыханную пользу. Я Вам сейчас _____.

Задание 17. Ответьте на вопросы.
1. Чего хочет от Шурика Иван Васильевич Бунша?
2. Какую машину изобрёл Шурик? Что он хочет с ней делать?
3. Почему Бунша против испытаний машины Шурика?

Задание 18. Вспомните и прочитайте с правильной интонацией следующие предложения.

> Куда уехала?
> А, чёрт!
> Вам понятно?
> Это я удачно зашел!
> Так что же Вы от меня хотите?
> Ты думаешь?

Стоматологическая поликлиника? Аллё!
Ах, Шурик, Шурик! Твой аппарат тебя погубит.
Ну-с, продолжим.
Как с любовником? И Вы об этом так спокойно говорите?
Воображаю, что сейчас будет!

ЭПИЗОД 5

Задание 19. Переведите и выучите следующие слова и словосочетания.

испытать в действии, присутствовать при историческом событии, деваться (деться), ответить по закону, полквартиры исчезло, ничего не сделалось, чудеса техники, пошлый, пронзить, узор, терзают смутные сомнения, замшевая импортная куртка, академический театр, протереть дыру, приподнять, миновать, проникнуть, одуматься, санкция соответствующих органов, вмешаться в опыты академика.

Задание 20. Придумайте предложения со словами.

на близком расстоянии, добиться своего, свидетель, игнорировать, представить, полезное изобретение, магнитофон, встать на пути технического прогресса.

Задание 21. Просмотрите и прослушайте эпизод 5. Прочитайте текст диалога. Заполните пропуски подходящими по смыслу словами и выражениями.

Шурик. А сейчас мы испытаем мою _____ в действии! Вы присутствуете при историческом событии! Попробуем сначала на близком _____. Смотрите! Сейчас мы пойдем через пространство! ... _____!?
Жорж. Что?
Шурик. _____!?
Жорж. Что такое? В чем дело? _____?
Бунша. Александр Сергеевич! Куда стенка девалась?
Жорж. В чем дело? _____? Здесь сейчас стенка была!
Бунша. Товарищ Тимофеев! За стенку ответите по закону! Видал, какую машину _____!
Шурик. Да ну Вас к чёрту с Вашей стенкой!
Бунша. Как это "к чёрту"? _____ исчезло!
Шурик. Ничего ей не сделалось!
Жорж. Видел _____ техники... Но такого!
Бунша. Простите, а Вы кто такой будете?

Жорж. Кто я _____, Вы говорите?
Бунша. Да!
Жорж. Я _____ Антон Семёныча Шпака.
Бунша. А что Вы делаете в его _____?
Жорж. Что я делаю?
Бунша. _____!
Жорж. В его квартире?
Бунша. _____!
Жорж. Дожидаюсь моего друга, а Вы что _____?
Бунша. А как же Вы попали _____, если он на работе?
Жорж. Да ну Вас к чёрту, что за пошлые вопросы!
Шурик. Не обращайте внимания! _____, я пронзил время. Я добился своего!
Жорж. Скажите, это, стало быть, _____ стенку так убрать?
Шурик. Стенку!
Жорж. Вашему изобретению _____ нет! _____!
Шурик. Благодарю.
Жорж. А что это Вы так на меня смотрите, отец родной? На мне узоров нету и цветы не растут.
Бунша. Меня терзают смутные _____. На Вас точно такая же замшевая импортная куртка, как у Шпака.
Жорж. Что Вы говорите! Куртка! Замшевая! А разве _____ один Шпак имеет замшевую куртку?
Бунша. А фамилия Ваша как?
Жорж. Я артист больших и малых академических _____, а фамилия моя... фамилия моя слишком известная, чтобы я её _____!
Шурик. Может быть, Вы хотите _____ в комнату Шпака? Я открою Вам _____.
Жорж. Нет, нет, я лучше посмотрю на Вашу машину. Она мне очень _____.
Шурик. Я очень рад. Вы первый, кто увидел. Вы, так сказать, первый свидетель.
Жорж. Никогда свидетелем еще _____ быть. Вот смотрит. Вы на мне дыру протрёте!
Шурик. Вы представляете, что вы видели!
Жорж. Еще бы! А скажите... А скажите, и _____ можно также стенку приподнять? Ах, какое _____ изобретение!
Бунша. А Вы с магнитофоном пришли к Шпаку?
Шурик. Поймите, стенка здесь ни при чём. _____, что, минуя все эти стенки, я могу пронзить пространство, я могу проникнуть во время, я могу двинуться на двести, на триста лет _____!

Жорж. Да, да, да, да, да, да...

Бунша. Вы игнорировали мой _____ относительно магнитофона.

Жорж. Тьфу на Вас! О! Ах, _____! Это, действительно, _____ в науке и технике! Тьфу на Вас ещё раз!

Шурик. Я не могу терпеть! Мы сейчас же проникнем _____, увидим древнюю Москву!

Бунша. Одумайтесь! Одумайтесь, товарищ Тимофеев! Прежде чем "увидеть древнюю Москву" без санкции соответствующих органов!

Жорж. _____!

Бунша. Что такое?

Жорж. Если ты ещё раз вмешаешься в опыты академика и встанешь _____ технического прогресса... Я тебя!

Бунша. Тихо, тихо! Понял.

Жорж. Действуйте!

Шурик. _____!

Жорж. Смелее! Я здесь.

Задание 22. Ответьте на вопросы.

1. Что сделал Шурик при помощи своей машины?
2. Как отреагировал Бунша на исчезновение стенки?
3. О чём спрашивал Бунша Жоржа Милославского?
4. Как Жорж объяснил своё нахождение в квартире Шпака?

ЭПИЗОД 6

Задание 23. Переведите и выучите следующие слова и словосочетания.

> нечистая (нечистая сила), сгинуть (пропасть, исчезнуть), пропасть пропадом (пропади окончательно, погибни!), задавить, шляпа, замуровать, демон, крест животворящий, закусывать.

Задание 24. Просмотрите и прослушайте эпизод 6. Прочитайте текст диалога, проставьте ударения в тексте. Прочитайте диалог выразительно.

Шурик. Смотрите! Это же царь Иван Грозный!

Жорж. Иди ты! Мама миа[1]!

Иван Грозный. Ой, нечистая!

Шурик. Стойте! Куда Вы?!

---

1. Итальянское «Мама моя!».

Иван Грозный. Сгинь! Пропади пропадом!

Шурик. Куда Вы?!

Жорж. Ты куда звонить собрался?

Бунша. В милицию!

Жорж. Положь трубку!

Бунша. Чего?!

Жорж. Положь трубку!

Бунша. Чего?! Чего положь?!

Жорж. Положь трубку!

Бунша. Не положу!

Жорж. Положи трубку!

Бунша. Почему это?

Жорж. Положи трубку, я тебе говорю! Положи трубку!!!

Бунша. Тихо, тихо!

Жорж. Задавлю, шляпа!

Иван Грозный. Замуровали. Замуровали демоны! Вот что крест животворящий делает!

Шурик. А где царь?

Шпак. Закусывать надо!

Задание 25. Прочитайте реплики вместе с партнёром, отреагируйте на эти реплики без опоры на текст фильма.

Образец:

— Вы до которого часу сегодня работаете?
— Я работаю до шести часов.
— Это же царь Иван Грозный!

_____

— А фамилия Ваша как?

_____

— Куда Вы?!

_____

— Ты куда звонить собрался?

_____

— Поздравляю Вас!

_____

— Куда стенка девалась?

_____

— Вы представляете, что вы видели!

_____

ЭПИЗОД 7

Задание 26. Переведите и выучите следующие слова и словосочетания.

> тяжко (тяжело), проклятый, бердыш (вид оружия), произошло замыкание, транзисторы перегорели, анисовый, столичный, отравить, килька (вид рыбы, которую часто консервируют), боярин, ключница, бочка с порохом, круто, посадить на кол (вид казни на Руси), шведы, взять город (завоевать город), исключать, отрубить голову.

Обратите внимание на устаревшие слова и формы слов:

> молвить = говорить,
> лгать = обманывать,
> хотенье = желание,
> соизволение = воля,
> увы мне = горе мне,
> кудесник = волшебник,
>
> кубок = бокал, стакан,
> отведать = попробовать,
> Здрав будь = будь здоров,
> пущай = пусть,
> хоромы = дом, строение,
> палаты = царское жилище

Задание 27. Просмотрите и прослушайте эпизод 7. Прочитайте текст диалога. Заполните пропуски подходящими по смыслу словами и выражениями.

Иван Грозный. Ох, тяжко мне! Молви ещё раз, ты не демон?

Шурик. Я Вам _____ объяснял, кто я такой. Не демон я!

Иван Грозный. Ой, не лги! Ой, не лги царю! Царю лжёшь! Не человечьим хотеньем, но божьим соизволением _____ есмь.

Шурик. Очень хорошо, я _____, что Вы—царь, Иван Васильевич...

Иван Грозный. Увы мне! Увы мне, Иван Васильевичу! Увы мне! Кудесник, отправляй меня _____!

Шурик. Ну не могу я! Видите! _____ проклятого бердыша...

Иван Грозный. Эх, кудесник!

Шурик. Спасибо, Иван Васильевич. _____ замыкание... Перегорели все транзисторы, и пока я не куплю новые, я не смогу Вас _____.

Иван Грозный. Так покупай!

Шурик. Магазины закрыты, обеденный _____.

Иван Грозный. Ох, _____ мне! Ох, _____ мне!

Шурик. Успокойтесь. _____, Иван Васильевич.

Иван Грозный. Ох, горе мне!

Шурик. Вы _____?

Иван Грозный. Анисовую.

Шурик. Так. Анисовой, к сожалению, нет. Я говорю, анисовой, _____, нет. Столичная! Пейте!

Иван Грозный. Отведай ты из моего кубка!

Шурик. _____?

Иван Грозный. Отведай.

Шурик. Вы думаете, что я хочу Вас отравить?! Дорогой Иван Васильевич! У нас это _____. И кильками в _____ отравиться гораздо легче, нежели водкой. Пейте смело!

Иван Грозный. Здрав будь, боярин!

Шурик. _____.

Иван Грозный. Ключница водку делала?

Шурик. Пускай будет ключница. _____, закусывайте.

Иван Грозный. Ты такую машину сделал?

Шурик. Угу.

Иван Грозный. У меня вот тоже один такой был. _____ сделал.

Шурик. Ну, ну, ну, ну!

Иван Грозный. Что ну, ну? Я его на бочку с порохом посадил. Пущай _____.

Шурик. Зачем же так круто? Нет, нет, я не пью. Иван Васильевич, спасибо.

Иван Грозный. Ты меня _____?

Шурик. Господи, Иван Васильевич!

Иван Грозный. Тогда пей!

Шурик. _____... Стоп, стоп...

Иван Грозный. Ну! Здравы буде!

Шурик. _____!

Иван Грозный. Ах! Так это, стало быть, ты _____? Да, хоромы тесные.

Шурик. Да уж, конечно, не царские палаты.

Иван Грозный. Да уж, конечно, _____!

Шурик. Все-таки, отдельная квартира.

Иван Грозный. А боярыня твоя где? В церкви что ли?

Шурик. Боярыня моя со своим любовником Якиным на Кавказ сегодня _____...

Иван Грозный. Врёшь!

Шурик. Ей богу.

Иван Грозный. Ловят? Как поймают, Якина на кол посадить, это _____ _____. А уж опосля...

Шурик. Зачем, Иван Васильевич, зачем? Они любят друг друга... Ну и пусть _____.

Иван Грозный. Ух, добрый ты человек! Господи, боже мой! Что же это, я тут, а там у меня шведы Кемь взяли! Боярин, боярин! _____! Беги, покупай, эти транзисторы!

Шурик. Минуточку. Я..., я занят. _____.

Иван Грозный. Я с тобой пойду.

Шурик. Нет, нет Иван Васильевич, это исключено. _____.

Иван Грозный. О, господи!

Иван Грозный. Только ты, боярин, _____!

Шурик. Я сам тороплюсь. Ведь тех двоих тоже _____ надо. Что с ними там у вас будет?

Иван Грозный. Головы им отрубят и всего делов.

Шурик. Да, и всего делов... А???

Иван Грозный. Да пёс с ними!

Задание 28. Составьте предложения со следующими словами и выражениями.

> полезное изобретение, риск, отпуск, воображать (вообразить), прославить, мешать, подходить друг другу, оригинальный, настойчивый, сколько душе угодно, добиться своего.

ЭПИЗОД 8

Задание 29. Переведите и выучите следующие слова и словосочетания.

> подвязать зубы, касаться, палка, заниматься государственным делом, диктовать, великий князь, запятая, секретарь, драгоценный, паразит, осмелиться, величество, казнить, схватить, гоняться, отрицать, ликвидироваться, прекратить панику, пень, кувыркаться, кидаться, периостит, флюс (названия болезней зубов), приставать, устраивать, повесить, выручать, бандит, однофамилец.

Обратите внимание на разговорные слова и выражения:

> халтура (небрежная и недобросовестная работа), запропаститься (пропасть неизвестно куда, исчезнуть), рявкнуть (крикнуть), эдак (так), не слава богу (не так, как надо), засыпаться (потерпеть крупную неудачу), сволочь (отвратительный, дурной человек), разораться (раскричаться).

Иван Васильевич меняет профессию — урок 11

Обратите внимание на устаревшие слова и формы слов:

> всея Руси = всей Руси
>
> бить челом = кланяться (чело = лоб)
>
> надёжа = надежда
>
> ан = а
>
> посольский приказ = ведомство иностранных дел
>
> хворь = болезнь
>
> гневаться = злиться
>
> аль = или
>
> намедни = недавно
>
> третьего дня = три дня назад

Задание 30. Просмотрите и прослушайте эпизод 8. Прочитайте текст диалога выразительно.

Бунша. Ну, как?

Жорж. Ой, не похож! Ой, халтура! Дай хоть зубы подвяжу что ли... Понимаешь, у того лицо умнее.

Бунша. Вот лица попрошу не касаться!

Жорж. Садись! Занимайся государственным делом. Возьми палку! Диктуй!

Бунша. Что диктовать-то?!

Жорж. Ну, царь, великий князь, повторяй, всея Руси...

Бунша. Царь, великий князь, повторяй, всея Руси...

Жорж. Да не повторяй "повторяй"! Тихо! Так Вы говорите, царь и великий князь... Написал... Запятая... Куда это наш секретарь запропастился? В чём дело, товарищи? Я вас спрашиваю, драгоценные, в чём дело? Какой паразит осмелился сломать двери в царское помещение? Разве их для того вешали, чтобы вы их ломали?! Продолжайте, Ваше величество. Челом бьёт, точка с запятой... Так я жду ответа на поставленный мною вопрос.

Секретарь. Царь тут!!!

Жорж. Сидеть! А где же ему быть? Царь всегда на своем месте.

Секретарь. Не вели казнить, государь-надёжа! Демоны тебя схватили, по всем палатам мы за ними гонялись. Хвать! Ан демонов-то и нету!

Жорж. Были демоны. Мы этого не отрицаем. Но они самоликвидировались. Так что прошу эту глупую панику прекратить. Ты кто такой?

Секретарь. Феофан. Да я посольского приказу.

Жорж. Хорошо, Федя. Останься здесь. А остальных прошу очистить царский кабинет. Короче говоря, все вон. Рявкни на них.

Бунша. Вон!!!

Секретарь. Не вели казнить, великий государь-надёжа!

Жорж. Ну, довольно! Хватит кувыркаться. Кинулся раз, кинулся два, хватит.

Секретарь. Чё ж у тебя государь-то, а? Ай-я-яй... Аль хворь приключилась?

Жорж. Ты не молчи, как пень. Я же не могу один работать.

Бунша. Зубы болят.

Жорж. Периостит у него. Флюс. Не приставай к царю!

Секретарь. Слушаюсь!

Жорж. Федь, ты брось кланяться. Эдак ты до вечера будешь падать. Будем знакомы!

Секретарь. Не гневайся, боярин. Не признаю я тебя. Аль ты князь?

Жорж. Я? Пожалуй, князь. А что тут удивительного?

Секретарь. Да откуда же ты взялся в палате царской? Ведь не было тебя. Батюшка царь, кто же это такой?

Бунша. Это приятель Антон Семёныча Шпака.

Жорж. Ой, дурак! Надёжа-царь говорит, что я — князь Милославский. Устраивает это Вас?

Секретарь. Чур! Сгинь!

Жорж. Что такое? Опять не слава богу? В чём дело?

Секретарь. Дак ведь казнили тебя намедни.

Жорж. Вот это новость!

Секретарь. Повесили тебя на собственных воротах третьего дня. По приказу царя.

Жорж. Ой, спасибо! Повесили меня. По твоему приказу. Выручай, а то засыпемся. Чё ж ты молчишь, сволочь? О! Вспомнил! Ведь это не меня повесили. Того повешенного как звали, а?

Секретарь. Ванька-разбойник.

Жорж. Ага. А я вовсе наоборот, Жорж. Тот бандит просто мой однофамилец. Правильно я говорю?

Бунша. Угу.

Жорж. Вот. Пожалуйста. Чё они там опять разорались? Сбегай, Федюша, узнай.

Задание 31. Ответьте на вопросы.

1. В какое время попали герои фильма Бунша и Милославский?
2. За кого их приняли жители Древней Руси?
3. Почему Шурик не может отправить Ивана Грозного обратно?
4. Что делают Бунша и Милославский в шестнадцатом веке?
5. Почему Феофан испугался, услышав фамилию Милославский?

Иван Васильевич меняет профессию **урок 11**

ЭПИЗОД 9

Задание 32. Переведите и выучите следующие слова и словосочетания.

спасённый, усылать, немедленно, проклятый, кормилец, хан, безобразничать, допустить (позволить), винить, указ, выбить, иметь право, на обратном пути, изобретатель, крутить, скандал.

Обратите внимание на разговорные слова и выражения:

Это отпадает. (Это исключено. Это невозможно.); заедать (очень сильно надоедать); чтоб духу их здесь не было (чтобы они ушли, исчезли отсюда).

Обратите внимание на устаревшие слова и формы слов:

служивый люд = служащие
велеть = приказать
ступай = иди

Задание 33. Просмотрите и прослушайте эпизод 9. Прочитайте текст диалога. Заполните пропуски подходящими по смыслу словами и выражениями.

Секретарь. Слушаюсь! Служивый люд царя _____ видеть желает! Радуется!

Жорж. Э, нет! Это отпадает. Некогда. _____ потом будем. Услать их надо немедленно куда-нибудь, ясно? Молчит проклятый. А что, Феденька, войны _____ никакой нету?

Секретарь. Да как же нет, кормилец? Шведы прямо заедают. Крымский хан на Изюмском шляхе безобразничает.

Жорж. Что ты _____!

Секретарь. Да!

Жорж. Как же вы _____?!

Секретарь. Не вели казнить!

Жорж. Встань, Фёдор! Я тебя не виню. Садись. Пиши. _____ указ. Приказываю. Послать войско выбить крымского хана с Изюмского шляха. Точку _____.

Секретарь. Точка. _____, великий государь!

Бунша. Я не имею права подписывать такие _____ документы. Да я не имею права подписывать!

141

Жорж. Держи, Федя. Да скажи им, чтобы назад не _____. Пусть на обратном пути Казань _____. Ну, чтобы два раза не ездить.

Секретарь. Как же так, батюшка? Ведь Казань-то наша! Мы её давным-давно _____.

Жорж. Да? Это вы _____!

Секретарь. Не вели казнить!

Жорж. Но, ладно, ладно! Раз уж взяли, то так уж и быть. Не _____ же им отдавать. Ну, ступай! И чтоб духу их здесь не было через пять минут!

Жорж. Ну, пошли дела кое-как! Что же это _____ свою машину времени назад не крутит?

Бунша. Господи, какой скандал меня дома ждёт!

Жорж. _____?

Бунша. Я же не сказал Ульяне Андреевне, куда я пошёл.

Жорж. Ах, да, да, конечно...

Бунша. Вот _____.

Задание 34. Подберите к словам из первой колонки синонимы во второй колонке.

спешить	обдумывать
хотеть	исчезнуть
орать	спасать
врать	сгинуть
приказать	удивляться
выручать	представлять
воображать	велеть
пропасть	торопиться
спорить	кричать
размышлять	желать
закусывать	возражать
поражаться	обманывать

ЭПИЗОД 10

Задание 35. Переведите и выучите следующие слова и словосочетания.

подлец, открыться (кому), святой, учинить, студия, негодяй, удобства, гениальный, кикимора, мерзавец, истеричка, проходить сцену, профессиональная обязанность, постановка, халтурщик, бездарность, царица, репетировать, лукавый, типаж, браво, грим, скрыть, спятить (сойти с ума), остроумно, червь, щучий (щука).

Иван Васильевич меняет профессию — урок 11

Обратите внимание на устаревшие слова и формы слов:

повинен = виновен

пошто = за что, почему

смерд = крепостной крестьянин

смертный прыщ = ничтожный человек

сукин сын = сын собаки

прелюбодей = развратный человек

Задание 36. Просмотрите и прослушайте эпизод 10. Прочитайте текст диалога выразительно.

Ульяна Андреевна. Александр Сергеевич! Извините, что я беспокою Вас во время семейной драмы. Скажите, Иван Васильевич не у Вас? Его по всему дому ищут. А?

Зина. Ах. Какой подлец! И зачем я открылась этому святому человеку? Шурик! Ты дома? Шурик! Что это?! Господи! Так это ж я чемодан подлеца Якина взяла.

Якин. Я думаю, Зинаида Михайловна, Вы прекрасно понимаете... После того, что Вы учинили на студии, между нами всё кончено.

Зина. Карп Савельич, Вы негодяй.

Якин. Попрошу вернуть мой чемодан, а вот—Ваш.

Зина. Надеюсь, все мои вещи целы?

Якин. Что?!

Зина. Ах, негодяй! Подлец! Я бросаю мужа, этого святого человека со всеми удобствами! Гениального изобретателя! Еду к этому подлецу!

Якин. Боже мой, какой текст, какие слова!

Зина. Вы ещё не знаете настоящих слов! И за два часа до отъезда я застаю у него какую-то кикимору! Которую он хватает за руки и вообще ведет себя как последний мерзавец!

Якин. Я проходил с ней сцену, истеричка. Это моя профессиональная обязанность. Профессион де фуа.

Зина. Хватит! С меня довольно! Я ухожу от Вас. К режиссеру Владимиру Косому. В его постановку "Борис Годунов".

Якин. Ха-ха. Косой—халтурщик.

Зина. А Вы—бездарность. У него я буду играть царицу!

Якин. У Косого нет никого на роль Иоанна Грозного.

Зина. Что?! Нет Иоанна? Да я уже репетировала с ним.

Якин. Где репетировали?

Зина. Здесь! Вот в этой вот комнате!

Якин. А кто играет Бориса-царя? Кто?

Царь. Какого Бориса-царя?! Бориску! Бориску на царство?

Зина. Что это такое?

Якин. Как, вы действительно репетируете?

Царь. Так он, лукавый, злым заплатил за предобрейшее... Сам захотел царствовать и всем владеть! У-у-у! Повинен, смерти!

Якин. Боже, какой типаж! Браво! Браво! Прошу Вас, продолжайте.

Царь. Ты пошто боярыню обидел, смерд?

Якин. Замечательно. Поразительно. Гениально. Слушайте, я не узнаю Вас в гриме. Кто Вы такой? Сергей Бондарчук? Нет. Юрий Никулин? Ой, нет, нет, нет. Нет, нет, нет, нет.

Якин. Боже мой! Иннокентий Смоктуновский! Кеша! Как же Вы скрыли от меня это?

Царь. Ах, ты, бродяга, смертный прыщ.

Якин. Ты что, спятил?

Царь. Вот тебе, сукин сын!

Якин. Кеша, это не остроумно!

Зина. Боже мой!

Царь. Негодяй, сукин сын! Прелюбодей несчастный!

Зина. Это настоящий царь.

Якин. Спасите! Милицию!

Царь. На колени, червь!

Царь. Попался, прелюбодей, сукин сын, Якин! Молись, Щучий сын! Прощайся с жизнью!

Задание 37. Вспомните и прочитайте с правильной интонацией следующие предложения:

С меня довольно! Я ухожу от Вас.	Что ты говоришь!
Ты что, спятил?	Что диктовать-то?!
Ах, да, да, конечно...	Ой, не похож! Ой, халтура!
А что такое?	Кто Вы такой? Сергей Бондарчук? Нет.
Слушаюсь!	Боже мой!

ЭПИЗОД 11

Задание 38. Переведите и выучите следующие слова и словосочетания.

натурально, типичный, обокрасть, ругательный, применять, обворовать, почётное звание, кошмар, пощадить, зарезать, бред, соблазнять, смиловаться, перебивать, плечо, бесовской, искушение, нервничать, темпераментный.

Иван Васильевич меняет профессию **урок 11**

Обратите внимание на устаревшие слова и формы слов:

Ты чьих будешь? = Ты кто и откуда?
холоп = раб
сущеглупый = очень глупый
любострастный прыщ =
живот = жизнь
паки = опять, снова.
иже херувимы = и ангелы
аз есмь = я есть
житие = жизнь
смердящий = плохо, отвратительно пахнущий
коль = если
лепа = прекрасна
червлёный = красный
бровьми союзна = брови густые, почти соединяющиеся
хороняка = трус, кто хоронится, прячется
многогрешный = у которого много грехов
ежели что худое проведаю = если что-то плохое узнаю
вельми понеже = очень потому что
вседержитель = бог, правящий всем миром
поелико мы зело = потому что мы очень
лепота = красота

Задание 39. Переведите на современный русский язык.

Третьего дня изволил царь отведать кушанья заморского, кудесником немчим поднесённого. Опосля одолела царя хворь лютая. Прогневался царь и послал стрельцов верных, повелел: "Мол, ступайте за прелюбодеем многогрешным, пущай явится пред очи государевы!". Явился кудесник, бил челом: "Не вели казнить, вели слово молвить! Не лгал я тебе, царь-надёжа, весь посольский приказ кушанья сего намедни отведал и не захворал. Это демоны тебя заели, вывести их надобно". "Ну ступай, и злым не плати за предобрейшее. Ежели что худое проведаю, казни тебе не миновать".

Задание 40. Просмотрите и прослушайте эпизод 11. Прочитайте текст диалога, проставьте ударения в тексте. Прочитайте диалог выразительно.

Шпак. Ах, это вы репетируете, Зинаида Михайловна.
Зина. Репе-пе-пе-ти-ти-руем.
Якин. Какая же это репетиция? Позвоните в милицию.

Царь. Куды?

Якин. Я здесь, я здесь.

Шпак. Натурально как вы играете. И царь какой-то такой типичный. На нашего Буншу похож. А меня же, Зинаида Михайловна, обокрали. Собака с милицией обещала прийти.

Царь. Ты чьих будешь?

Шпак. Вы меня извините, товарищ артист, но что такое "чьих"?

Царь. Чей холоп, спрашиваю?

Шпак. Извините, но я Вас не понимаю.

Царь. У, сущеглупый холоп.

Шпак. Я извиняюсь, но что это Вы все "холоп", да "холоп". Что это за слово такое?

Зина. Это он из роли, из роли. Ну вот роль такая.

Шпак. Это роль ругательная и я прошу её ко мне не применять.

Шпак. Боже мой, ну и домик у нас! То обворовывают, то обзываются! А еще боремся за почётное звание дома высокой культуры быта! Это же кошмар, кошмар!

Царь. Ну, любострастный прыщ, живота или смерти проси у боярыни!

Якин. Живота!

Зина. Живота! Живота! Пощади его, великий государь!

Царь. Живота... Ну, будь по-твоему.

Зина. Выслушайте меня, Карп! Только умоляю Вас, спокойно. Это настоящий Иван Грозный. Помните, я Вам говорила про машину времени? Так вот Шурику удался этот опыт.

Якин. Он же мог меня зарезать.

Зина. И, между прочим, правильно бы сделал.

Якин. Бред. Какой Иоанн Грозный? Он же давно умер.

Царь. Кто умер?

Якин. Я не про Вас это говорю. Это другой, который умер. Который...

Царь. Ты боярыню соблазнил?

Якин. Я. Аз есмь. Житие мое.

Царь. Какое житие твое, пёс смердящий? Ты посмотри на себя! Житие...

Якин. Зинаида, подскажи мне что-нибудь по-славянски.

Зина. Паки.

Якин. Паки, паки. Иже херувимы. Ваше сиятельство, смилуйтесь. Между прочим, Вы меня не так поняли.

Царь. Да как же тебя понять, коль ты ничего не говоришь?

Якин. Языками не владею, Ваше благородие.

Царь. Любишь боярыню?

Якин. Люблю! Безумно.

Царь. Ах, боярыня. Красотою лепа. Червлена губами и бровьми союзна. Чего ж тебе ещё надо, собака?

Якин. Ничего не надо. Ничего.

Царь. Ну так и женись, хороняка. Князь отпускает ее.

Якин. Прошу Вашей руки, Зинаида Михайловна.

Царь. Ну, борода многогрешная! Ежели за тобою что худое проведаю...

Якин. Клянусь!

Царь. Не перебивай царя!

Якин. Слушаюсь.

Царь. Жалую тебе шубу с царского плеча!

Зина. Благодари! Благодари!

Якин. Вельми понеже. Весьма Вами благодарен.

Зина. Великий государь! Вам нельзя в таком виде оставаться. Мало ли что могут подумать.

Царь. О, господи вседержитель! Ведь я-то забыл, где я! Господи! Забыл!

Зина. Переоденьтесь, Иоанн Васильевич.

Царь. Ой, бесовская одёжа. Ух, искушение.

Якин. У меня путаются мысли. Шуба. Царь. Иоанн Грозный.

Зина. Да перестань ты нервничать. Ну, Иоанн, ну, Грозный, ну что тут особенного? Пойди лучше помоги царю переодеться.

Якин. Слушаюсь.

Зина. Господи! До чего же на нашего Буншу похож, а! Что Вы! Вам очень идет. Дорогой царь, нам пора.

Якин. Поелико мы зело на самолет опаздываем.

Царь. Скатертью дорога!

Зина. Позвольте Вас поблагодарить за все. А Вы очень темпераментный человек.

Царь. Ох, красота-то какая! Лепота!

Задание 41. Ответьте на вопросы.

1. Что придумал Жорж, чтобы избавиться от военных?
2. Почему дома Буншу ждёт скандал?
3. Почему Зина вернулась домой?
4. Что сказала Зина Якину, чтобы отомстить ему?
5. Почему Иван Грозный перестал прятаться и вышел?
6. Что хотел сделать Иван Грозный с Якиным? Почему?
7. Чем закончилась история с Зиной и Якиным?

ЭПИЗОД 12

Задание 42. Переведите и выучите следующие слова и словосочетания.

> перекур, посол, сдвинуть брови, интурист, конкретно, сварить в кипятке, обращаться (с кем-либо), надрываться, кормилец, обеднеть, самозванец, казённый, разбазаривать (растрачивать), не напастись чего-либо (не хватит чего-либо), пламенный, с кондачка (несерьезно, без понимания дела), конвой, ползать, рыцарский орден, рассеянный, таращиться (смотреть широко раскрытыми глазами), закатиться за трон, медальон, банкет, заячьи верчёные почки, икра, баклажанный, заморский, вздрогнуть (здесь: выпить).

Обратите внимание на устаревшие слова и формы слов:

> толмач немчий = переводчик с немецкого языка
> лыка не вязать = быть очень пьяным
> немудрено = несложно
> молвить = сказать
> трапезничать = долго или роскошно пировать

Задание 43. Просмотрите и прослушайте эпизод 12. Прочитайте текст диалога. Заполните пропуски подходящими по смыслу словами и выражениями.

Жорж. Перекур!

Дьяк. Посол шведский!

Жорж. В чем _____, Федь?

Дьяк. Ой! Посол шведский принять _____!

Жорж. Введите гражданина посла! Сдвинь брови. Интурист _____!

Бунша. А что он _____? Конкретно, что?

Жорж. А пёс его _____! Феденька! Надо бы _____.

Дьяк. Был у нас толмач немчий. Ему _____, а он лыка не вяжет. Мы его в кипятке и сварили.

Жорж. Нельзя так с переводчиками обращаться. _____ что-нибудь. Видишь, человек надрывается.

Бунша. Гитлер капут.

Жорж. Продолжайте, мистер посол. Мы с Вами _____ согласны.

Швед. Кемска волост!

Жорж. Правильно! Совершенно _____.

Бунша. Послушайте, товарищ! Товарищ, можно Вас на _____? Хотелось бы, так сказать, в общих чертах понять, _____.

Дьяк. Да _____ его, надёжа-царь, немудрено. Они Кемскую волость требуют. Мы воевали, говорят, так _____ её сюда.

Бунша. Что?! Кемскую волость?! Да пусть забирают на _____! Я-то думал! _____.

Дьяк. Как же _____, кормилец?

Бунша. Царь знает, что _____! Государство не обеднеет. _____!

Жорж. Не вели казнить, великий _____! Вели слово молвить! Да ты что, сукин сын, самозванец, казённые земли разбазариваешь?! Так _____ волостей не напасёшься!

Швед. Так что _____ мой король?

Жорж. Передай твой король мой пламенный _____!

Швед. А Кемска волост?

Жорж. Такие вопросы, дорогой посол, с кондачка не _____. Нам надо посоветоваться с _____. Зайдите на недельке. Да, кстати, Вам от меня лично маленький _____. Держи!

Жорж. Все свободны! Да, конвой тоже _____. Конвой _____! Ты чего, отец, ползаешь?

Дьяк. Посол рыцарский орден с груди _____.

Жорж. Ой! А-яй-яй! Нельзя быть таким рассеянным. Смотреть надо за вещами, когда в комнату входишь. Да чего ты, Фёдор, на меня таращишься? Уж не думаешь ли ты, что я взял?

Дьяк. Что ты, что ты!

Жорж. Ты не брал? А может, за трон закатился? Нет! Ну, нет, так нет!

Дьяк. Ох, горе-то!

Бунша. Меня опять терзают смутные сомнения. У Шпака магнитофон, у посла медальон...

Жорж. Ты на что намекаешь? Я тебя спрашиваю, ты на что, царская морда, намекаешь?

Дьяк. Татарский князь Едегей! К государю!

Жорж. Э, нет, нет, нет! Сколько можно? Приём окончен. Обеденный перерыв!

Дьяк. Царь трапезничать желает!

Жорж. Это сон какой-то!

Бунша. Минуточку! За чей счёт этот банкет? Кто оплачивать будет?

Жорж. Во всяком случае, не мы. Федюнчик, а там что такое?

Дьяк. А! Почки заячьи верчёные. Головы щучьи с чесноком. Икра чёрная. Красная. Да, заморская икра! Баклажанная!

Жорж. Красота! Ну, царь! Вздрогнули!

Бунша. Вздрогнули.

Задание 44. Продолжите предложения без опоры на текст фильма.

Нельзя так _____

Во всяком случае, _____

Я тебя спрашиваю, _____

Уж не думаешь ли ты, _____

Мало ли что _____

ЭПИЗОД 13

Задание 45. Просмотрите и прослушайте эпизод 13. Прочитайте текст диалога, постарайтесь догадаться о значении выделенных слов.

Царь. Лепота!

Ульяна. Здрасьте-пожалуйста! Я его по всему дому ищу, а он в чужой квартире сидит. Ты что **отворачиваешься**-то?

Шпак. Иван Васильевич, посмотрите, как мою квартиру **обработали**! Это же всё же, всё же, что нажито непосильным трудом, всё погибло!

Ульяна. Да на кого же ты похож-то? Ты же окосел от пьянства! Тебя же узнать нельзя! Ты что **напялил**-то на себя?

Шпак. Магнитофон импортный. Пиджак замшевый.

Ульяна. Он же пьян!

Шпак. Портсигар золотой отечественный. Ничего же нет!

Ульяна. Он же **на ногах не стоит**!

Царь. Тьфу!

Ульяна. Ты куда? Да что же это такое, а? А ну, **ступай** домой, алкоголик!

Царь. Оставь меня, старушка, я **в печали**.

Ульяна. Старушка?! Ах ты, нахал! Я же на пять лет тебя моложе. А ну пошли сейчас же!

Царь. Да ты ведьма!

Ульяна. **Караул**, караул!

Шпак. Иван Васильевич! Вы успокойтесь! Ну, выпили... Я понимаю, Иван Васильевич.

Царь. Ух, ведьма!

Шпак. Честно признаться, да!

Царь. А тебе чего надо?

Шпак. Уважаемый Иван Васильевич! Я прошу засвидетельствовать. Вот **список** украденных вещей. Украли два магнитофона, две кинокамеры, два портсигара... Пожалуйста!

Царь. Как челобитную (*письменное прошение*) царю подаёшь?!

Шпак. Позвольте. Вы не хулиганьте. Что это за пьяные выходки! Я на Вас **жалобу** подам! Коллективную!

Царь. Да ты, я вижу, холоп, не уймёшься!

Ульяна. Аллё! Аллё! Психиатрическая больница? У моего мужа белая горячка. На людей **кидается**. С ножом!

Шурик. Остановитесь!

Царь. Негодяй!

Шурик. Уберите ножик!

Шпак. Вы **гляньте, гляньте** на нашего активиста! Это же вооруженный бандит!

Царь. Смерд!

Шпак. От смерда слышу!

Царь. Холоп!

Шпак. Сейчас милиция разберётся, кто из нас холоп. Милиция! Милиция!

Шурик. Умоляю Вас, подождите. Это не Бунша.

Шпак. Как это не Бунша?!

Шурик. Это Иоанн Грозный. Настоящий.

Шпак. Боже мой, что делается! Что делается!

Шурик. Я открыл Вам тайну. Вы **порядочный** человек, ну умоляю, обещайте молчать.

Шпак. Ну что Вы! Даю честное благородное слово!

Шурик. Спасибо, спасибо Вам!

Шпак. Что Вы, что Вы!

Шпак. Аллё! Милиция! Милиция! Это говорит сегодняшний обокраденный Шпак. А я не по поводу кражи. У нас здесь дело **почище**. Инженер Тимофеев в свою квартиру живого царя вызвал. Я не пьющий. С кинжалом. Холодное оружие. Даю честное благородное слово. Жду!

Задание 46. Найдите синонимы.

> импортный, кинжал, обворовать, нахал, челобитная, негодяй, ступай, пьяный, нож, грустить, жалоба, надеть, иди, заграничный, смерд, прошение, алкоголик, холоп, холодное оружие, напялить, почище, быть в печали, поинтереснее.

ЭПИЗОД 14

Задание 47. Переведите и выучите следующие слова и словосочетания.

> драка, жаться, почки, ювелирный, драгоценности, вздрогнуть, физиономия, плести, рюмочка, кардамонная, обывательский, закусывать, вредность, указывать, нервные клетки, восстанавливаться, пчела, щучий, нарезаться (напиться), маэстры (маэстро), репертуар.

Задание 48. Что означает выражение «выпить на брудершафт»? В каких ситуациях его можно употреблять?

Задание 49. Просмотрите и прослушайте эпизод 14. Проставьте ударения в тексте диалога. Прочитайте диалог выразительно.

Жорж. Воображаю, какая сейчас драка на Изюмском шляхе идёт.

Бунша. Да это ладно!

Жорж. Федь! Ты чё там жмёшься около почек? Иди сюда, не стесняйся. Держи. Давай с тобой на брудершафт выпьем. Слушай, старик! У вас в ювелирном магазине драгоценности принимают?

Дьяк. Сделаем.

Жорж. Вздрогнули.

— Царица к тебе, великий государь! Видеть желает!

Жорж. Зря снял. Федя, иди к почкам. Зря снял, не царская у тебя физиономия.

Бунша. Чего, чего?! Но, но, ну, попрошу. С кем говоришь, холоп! Дорогая царица, очень рад! Очень рад, очень рад познакомиться! Очень рад! Здравствуйте, царь, очень приятно, очень приятно, царь... Прошу Вас! Прошу Вас к нашему столику. Сюда, прошу, пожалуйста. Попрошу Вас. Так. По-моему, мы с Вами где-то встречались.

Жорж. Ты что плетёшь, гад?

Бунша. Но, но, но! Человек! Человек! Официант, почки один раз царице! Простите, одну минуточку. Простите, Ваше имя, отчество?

Царица. Марфа Васильевна я.

Бунша. Чудесно! Очаровательно! Марфа Васильевна, ну, очаровательно, Марфа Васильевна! Рюмочку кардамонной?

Царица. Ой, что Вы, что Вы!

Бунша. Ну не откажите. Будьте здоровы! Вот вы говорите, царь, царь... А Вы думаете, Марья Васильевна, нам царям легко? Да ничего подобного, обывательские разговорчики! У всех трудящихся два выходных дня в неделю, мы, цари, работаем без выходных. Рабочий день у нас ненормированный. Закусывайте, Марья Васильевна, закусывайте. Все оплачено. Если хотите знать, нам царям за вредность надо молоко бесплатно давать. Журнал "Здоровье" так прямо и указывает. Нервные клетки не восстанавливаются.

Царица. И всё-то ты в трудах, всё в трудах, великий государь, аки пчела.

Бунша. Вы единственный человек, который меня понимает. Ну, еще рюмочку под щучью голову?

Царица. Ну что Вы, что Вы!

Бунша. Скажите, пожалуйста, у вас нет отдельного кабинета?

Жорж. О, да ты, Ваше благородие, нарезался.

Бунша. Но, но, но, но!

Жорж. Что же Вы, маэстры, молчите? Ну-ка, гряньте нам что-нибудь!

Бунша. Какая это "собака"?! Не позволю про царя такие песни петь. Распустились тут без меня. Что за репертуар у вас? Надо что-нибудь массовое петь, современное... Как это... Трали-вали, тили-тили, вы-то нам не тили, мы-то вам не трали-вали...

Иван Васильевич меняет профессию урок 11

Жорж. Спокойно, Ваня, будет сделано.
Бунша. Простите, как Ваше имя, отчество?
Царица. Марфа Васильевна я.
Бунша. А, ну да. Марфа. Эх, Марфуша, нам ли быть в печали!
Бунша. Танцуют все!

Задание 50. Найдите однокоренные слова.

обокраденный, засвидетельствовать, ненормированный, жаться, отворачивается, норма, пьяный, выпить, портсигар, жмётся, сигарета, свидетель, порядок, кража, поворачивается, порядочный.

Задание 51. Придумайте вопросы к эпизодам 12-14.

ЭПИЗОД 15

Задание 52. Переведите и выучите следующие слова и словосочетания.

войско, взбунтоваться, самодержец, пропасть, банкет, кличка, палаты, вина, боярин, голубчик, лейтенант, психиатричка (машина скорой психиатрической помощи), бред, белая горячка, ведьма.

Задание 53. Просмотрите и прослушайте эпизод 15. Прочитайте текст диалога. Заполните пропуски подходящими по смыслу словами и выражениями.

Патриарх. Войско взбунтовалось. Говорят, царь не _____!
Жорж. Дорогой самодержец, мы _____.
Бунша. Я требую _____ банкета! Как пропали?! Почему?!
Царь. Скорее, скорее, князь, _____ меня обратно!
Шурик. Сейчас. Через 3 минуты все будет готово. Сейчас, сейчас, Иван Васильевич. Вы бы пока _____ в свое, царское. Фу, черт!
Следователь. Курите? Не курите. _____ делаете. Я тоже не курю. Но, а все-таки, кто Вы такой, а?
Царь. Аз есмь царь! (Я царь)
Милиционер. Кличка!
Следователь. Тихо! Фамилия?
Царь. Рюриковичи мы.
Следователь. _____?
Царь. Иоанн Васильевич.
Следователь. Иоанн! _____?
Царь. 1533 от рождества Христова.
Следователь. Шутим.

153

Милиционер. Тоже мне, Торопунька и Штепсель _____.

Следователь. Тихо. Где живёте?

Царь. В палатах.

Следователь. В каких палатах?! _____, адрес Ваш?!

Царь. Да ты скажи, какая вина на мне, боярин?

Следователь. Тамбовский волк тебе боярин. _____ Шпака Вы брали?

Царь. Шпака?

Следователь. Да!

Царь. Казань брал. Астрахань брал. Ревель брал. Шпака не брал.

Ульяна. Вот он! Замели тебя, голубчик! _____, пьяница!

Следователь. В чём дело, граждане? Вы кто?

Ульяна. Товарищ лейтенант, жена я этому _____.

Царь. Врёшь! Какая ты мне жена, _____!

Ульяна. Вот! Напился до чёртиков, жены не _____. Психиатричку пришлось вызвать.

Следователь. Ах, вот оно что! То-то я _____, он какой-то бред несёт. Казань брал, Астрахань брал. Царём себя называет. Иваном Грозным.

Доктор. Белая горячка. Типичный _____.

Следователь. Как настоящая фамилия этого _____?

Ульяна. Бунша Иван Васильевич.

Царь. Врёшь! Ведьма!

Ульяна. Тьфу! Видеть его _____.

Шурик. Внимание! Приготовились, Иван Васильевич!

Задание 54. Как вы считаете, почему известная идиома «Тамбовский волк тебе товарищ» изменена в тексте диалога на «Тамбовский волк тебе боярин»? Какого эффекта хотел добиться автор текста?

Задание 55. Как вы понимаете игру слов в выражениях со словом «брать»?

> Квартиру Шпака Вы **брали**?
>
> Казань **брал**. Астрахань **брал**. Ревель **брал**. Шпака не **брал**.

ЭПИЗОД 16

Задание 56. Переведите и выучите следующие слова и словосочетания.

> антиобщественные опыты, хулиган, задержать, чистосердечно признаться, восторг, предаваться, уповать, якобы, подтвердить, принуждение, князь, обязанность, лгать, нажить, непосильный, замшевый, почётное звание, быт, самозванец.

Иван Васильевич меняет профессию урок 11

Задание 57. Просмотрите и прослушайте эпизод 16. Проставьте ударения в тексте диалога. Прочитайте диалог выразительно.

Бунша. Товарищ Тимофеев! Помогите! Спасите!

Шурик. Иван Васильевич! Торопитесь! Прощайте!

Шурик. Живы!

Жорж. Живы! Рассказать—никто не поверит!

Бунша. В милиции поверят! Вы еще ответите за Ваши антиобщественные опыты! Хулиган!

Жорж. Великий государь! Одну минутку! Интересное кино. Что это у Вас, товарищ учёный, на площадке милиция дежурит?

Шурик. А это Вашего друга Шпака сегодня обокрали.

Жорж. Что Вы говорите?!

Милиционер. Еще одного задержали, товарищ лейтенант!

Бунша. Не задержали! Не задержали, а я сам к вам шёл, сам, чистосердечно во всём признаться. С восторгом предаюсь в руки родной милиции, надеюсь на неё и уповаю.

Следователь. Вы кто такой?

Бунша. Бунша... Иван Васильевич.

Следователь. Значит, Вы утверждаете, что, якобы, Вы—Иван Васильевич Бунша. Ваши документы! Минуточку! А кто может подтвердить Вашу личность?

Бунша. Э-э-э... Да кто угодно! Хотя бы жену мою спросите, Ульяну Андреевну, она всегда подтвердит...

Следователь. А Вы в чём-то хотели чистосердечно признаться.

Бунша. А! Да! Каюсь, что хоть не по собственной воле, а по принуждению князя Милославского временно являлся исполняющим обязанности царя.

Следователь. Какого царя, что Вы... Вы царь?!

Бунша. Царь! Царь! Ну, царь, Иван Васильевич Грозный.

Царь. Лжёшь, собака! Аз есмь царь!

Шпак. Всё! Всё, что нажил непосильным трудом, всё же погибло! Три магнитофона, ... три кинокамеры заграничных, три портсигара отечественных, куртка замшевая... три ... и они ещё борются за почётное звание дома высокой культуры быта. А?

Следователь. Ульяна Андреевна! Скажите еще раз, кто это такой?

Ульяна. Господи! Да я же Вам говорила, товарищ лейтенант! Ну, муж мой, Иван Васильевич Бунша! Теперь тебя вылечат, алкоголик!

Следователь. Чудненько! Ну, а это кто такой?

Царь. Самозванец!

Бунша. От самозванца слышу! Вот так!

Следователь. Ну, а это кто такой?

Ульяна. Муж мой... Иван Васильевич Бунша. И тебя вылечат...

Следователь. Так что же, выходит, у Вас два мужа?

Ульяна. Ну, выходит два.

Следователь. И оба Бунши?
Ульяна. Оба... И тебя вылечат! И тебя тоже вылечат! И меня... тоже вылечат.

Задание 58. Восстановите последовательность событий.

> Войско царя взбунтовалось.
> Зина ссорится с Якиным.
> Иван Грозный оказывается в квартире Шурика.
> Иван Грозный встречается с женой Бунши и Шпаком.
> Милиция арестовывает Ивана Грозного.
> Зина сообщает Шурику, что уходит от него.
> Жорж Милославский звонит Шпаку на работу.
> К Ивану Грозному-Бунше прибывает шведский посол.
> Бунша выдает себя за Ивана Грозного.
> Милославский обворовывает квартиру Шпака.
> Шурик включает машину времени в первый раз.
> Иван Грозный-Бунша обедает с царицей.
> Жена Бунши встречается с обоими Иванами Васильевичами.
> Иван Грозный убегает от милиции и возвращается в свое время.
> Милославский и Бунша возвращаются в наше время.

ЭПИЗОД 17

Задание 59. Переведите и выучите следующие слова и словосочетания.

> грандиозно, очевидец, изменять, поддаться, клясться, абсолютно, отправить, крутить, погоня.

Задание 60. Заполните таблицу, проанализировав выделенные слова.
В милицию замели. Дело шьют. Сесть за докторскую диссертацию. Квартиру Шпака Вы брали?

Слово	Литературное значение	Жаргонное значение

Задание 61. Просмотрите и прослушайте эпизод 17. Проставьте ударения в тексте диалога. Прочитайте диалог выразительно.
Шурик. То, что Вы рассказали—грандиозно! Вам, как очевидцу, цены нет. Я бы на Вашем месте за докторскую диссертацию немедленно сел.

Жорж. Торопиться не надо. Сесть я всегда успею.

Бунша. Ульяна Андреевна, я царствовал. Но Вам не изменил. Меня царицей соблазняли, но не поддался я. Клянусь!

Следователь. Черт побери! У нас в руках был сам Милославский!

Милиционер. Жорж Милославский?!

Следователь. Ну, да! Задержать его, быстро!

Милиционер. Стойте! Стойте! Держите Милославского!

Шурик. Я был абсолютно уверен, что отправил Вас обратно.

Царь. Торопись, торопись, князь! Крути, крути свою машину!

Шурик. Где же Вы были все это время?

Царь. В милицию замели. Дело шьют. Погоня, князь! Погоня! Скорей! Скорей! Скорей, господи!

Шурик. Бегите, Иван Васильевич! Бегите! Быстрее, быстрее, Иван Васильевич!

Царь. Бегу, бегу! Господи, грехи мои тяжкие... ...нечистая сила! Прощай, князь!

Шурик. Счастливо! Не поминайте лихом, Иван Васильевич!

Задание 62. Как вы понимаете выражение «не поминать лихом»? Подберите к нему синонимы.

ЭПИЗОД 18

Задание 63. Переведите и выучите следующие слова и словосочетания.

> безобразие, обесточить, издеваться, инстанция, хулиган, нахальство, судить, мерзавец, облысеть, почудиться, стукнуть, бред, посадить шишку, репетиция, притворяться.

Задание 64. Просмотрите и прослушайте эпизод 18. Проставьте ударения в тексте диалога. Прочитайте диалог выразительно.

Ульяна. Это безобразие!

Бунша. Опять обесточили весь дом, понимаешь!

Ульяна. Он просто издевается!

Бунша. Имейте в виду, мы будем жаловаться на Вас в соответствующие инстанции!

Шурик. Что, вас уже выпустили из сумасшедшего дома?

Ульяна. Что?!

Бунша. Что такое?

Ульяна. Ах ты, хулиган!

Бунша. Какое нахальство!

Ульяна. А еще очки одел!

Бунша. Ишь ты!

Ульяна. Не думает, что его судить за это будут, мерзавец!

Бунша. Изобретатель! Я тебе такое изобрету!

Ульяна. Да! Не волнуйся, поможем!

Бунша. Не обрадуешься!

Ульяна. Интеллигент несчастный! Выучили вас на свою голову. Облысели все!

Шурик. Что это? Все мне почудилось? Или вправду было? Иван Грозный. Милославский. Ах!!! Ведь меня же Зина бросила! Да, нет. Бред. Здорово меня стукнуло. А вдруг не бред?

Зина. Господи! Что у тебя творится? Накурил. Надымил. И, конечно, ещё не обедал.

Шурик. Ты не уехала в Гагры?

Зина. Какие Гагры? Ты совсем сойдёшь с ума со своей машиной. Где ты такую шишку посадил?

Шурик. Зина. Скажи честно, где ты была сейчас?

Зина. На репетиции.

Шурик. Хорошо. Я спрошу прямо. Ты любишь Якина?

Зина. Какого Якина? Да что с тобой, Шурик?

Шурик. Не притворяйся! Он ваш кинорежиссёр.

Зина. Никакого режиссёра Якина у нас нет.

Шурик. Правда?

Зина. Ну, честное слово.

Шурик. Ура!

Задание 65. Ответьте на вопросы.

1. Почему взбунтовалось войско царя?
2. О чём милиционер спрашивал Грозного? В чём его подозревали?
3. Как объяснила Ульяна Андреевна странное поведение Грозного?
4. Как Милославский сумел убежать от милиции?
5. Что говорит Шпак об украденных у него вещах? В чем комизм его слов?
6. Действительно ли Зина ушла от Шурика?

Задание 66. Опишите Ивана Васильевича Грозного и Ивана Васильевича Буншу. Чем они похожи? Чем отличаются?

Задание 67. Поделитесь впечатлениями о фильме с вашим товарищем. Расскажите, почему вам понравился (не понравился) этот фильм?

Особенности национальной охоты

Режиссёр: Александр Рогожкин.

В ролях: Вилле Хаапасало (Райво), Алексей Булдаков (генерал Михалыч), Виктор Бычков (Кузьмич), Семён Стругачев (Лёва Соловейчик), Сергей Куприянов (Женя Качалов), Сергей Русскин (Сергей Совенко), Сергей Гусинский (сержант Семёнов).

Молодой финский парень Райво, который пишет книгу об охоте, уговаривает своего русского друга Женю помочь ему поучаствовать в настоящей русской охоте, дабы познакомиться с нравами и привычками русских охотников. Сугубо мужская компания во главе с армейским генералом отправляется на дальний лесной кордон на охоту, прихватив с собой несколько ящиков водки...

Поначалу финн не понимает, зачем столько водки и почему русские не торопятся выслеживать зверя. В его представлении русская охота—сложное традиционное искусство, требующее высокого профессионализма и знания множества тонкостей. Однако выпив за пару дней немалое количество алкоголя, Райво пропитывается русским духом, изрядно отдающим русской водкой. Он уже понимает не только ломаный английский милиционера Семёнова, но и немецкий, а потом уже и чистейший русский егеря Кузьмича.

ЗАДАНИЯ К ФИЛЬМУ

ЭПИЗОД 1

Задание 1. Переведите и выучите следующие слова и словосочетания.

спиртное, охота, добровольный, местный, диковинка, шпион, глубинка, презентовать, цивилизация, лотерея, везти (повезло), грузиться (погрузились, грузимся), финн, отгонять, норматив, предки, (военное) училище, звание, аэродром, ракетная установка, специфический.

Задание 2. Выучите следующие разговорные слова и выражения.

> трубы горят (похмелье), премного благодарен (большое спасибо), чёрт его знает (никто не знает), злой как чёрт (очень злой), подмели (съели или выпили), разуть машину (снять и украсть колёса), в момент (очень быстро).

Задание 3. Просмотрите и прослушайте эпизод 1. Постарайтесь ответить на вопросы.

1. Что герои грузят в машину?
2. О чём говорят Райво и Женя?
3. О чем Райво говорил с прохожим?

Задание 4. Прослушайте эпизод 1 ещё раз. Прочитайте текст диалога. Поставьте ударения.

— Зачем так много спиртного? Охота—это отдых...

— Этого-то, боюсь, не хватит... Ты же хотел узнать, что такое настоящая русская охота?

— Хотел. Но я не хочу пить...

— У нас это дело добровольное, насильно никто лить не будет.

— Я погуляю...

— Не потеряйся. С местными не разговаривай, для них иностранец в диковинку. Ещё за шпиона могут принять...

— Что?

— Эх, не понять вам особенностей российской глубинки!

— Простите, мне, право, неудобно беспокоить Вас, но у меня трубы горят, умираю совсем. Будьте добры презентовать малую сумму, простите за беспокойство. Ну трубы горят, пожертвуйте.

— Change?

— Yes, sir... Премного благодарен.

— Здесь много иностранцев?

— Какие тут иностранцы!? Граница рядом.

Задание 5. Опишите Женю и Райво. Как они выглядят?

ЭПИЗОД 2

Задание 6. Придумайте предложения со словами.

> цивилизация, охота, норматив, дело добровольное, иностранец, земля предков.

Особенности национальной охоты урок 12

Задание 7. Просмотрите и прослушайте эпизод 2 фильма один раз. Постарайтесь ответить на вопросы.
1. Из какой страны приехал Райво?
2. Говорит ли Райво по-русски?
3. Что погрузили на корабль?

Задание 8. Прослушайте эпизод 2 ещё раз. Прочитайте текст диалога. Вместо пропусков вставьте нужные слова.
— Вы на _____?
— Да-да, на _____, к _____ Булдакову.
— Номера какие-то у вас странные...
— Да чёрт его знает что за номера, в _____ выиграли.
— Значит, _____.
— _____.
— Женька, привет!
— Здорово.
— Мы уже погрузились. Давай быстрее. Михалыч злой как чёрт... А ты _____...
— Да я больше взял.
— Ну так они уже всё _____...
— Вот Райво.
— Hello!
— Сергей Олегович.
— Хаапасало.
— Саенко.
— _____?
— _____.
— Speak Russian?
— Нет. Очень трудный язык...
— Райво _____.
— Русская охота очень хорошая. Медведь... Русский слон - лучший друг финского слона. Понимаешь? Ну ладно, это... Срочно грузимся на корабль.
— Машину-то на стоянку отгони, а то _____.
— Ну и _____?! Через пять минут отходим!
— Михалыч! Мы _____ не успеем _____. Если _____ не берём, тогда уложимся в _____...
— Водку берём!!!
— О-о-о... так это и есть _____.
— Ну что? Добро пожаловать _____!
— Райво.
— Соловейчик!

161

— Я в училище _____.
— Михалыч у нас _____. Выдай ему что-нибудь _____!
— Имя?! Звание?! Где расположена твоя часть?!
— Рядовой Хаапасало, рота охраны аэродрома Ути.
— Если хочешь жить, приведи нас к ракетной установке!
— У нас нет ракетных установок... Понимаю, _____
_____.
— Ну, всё, что знал, _____.
— Михалыч! _____? Надеюсь, без этого... вашего военно-специфического?
— Он спрашивал, как пройти к _____...

Задание 9. Прослушайте диалоги ещё раз и проставьте ударения в тексте. Прочитайте диалоги выразительно.

Задание 10. Опишите Сергея и Лёву. Что вы о них думаете?

Задание 11. Прочитайте с правильной интонацией.
— Женька, привет!
— Какие тут иностранцы!? Граница рядом.
— Михалыч у нас генерал.
— Простите, мне, право, неудобно беспокоить Вас...
— Давай быстрее. Михалыч злой как чёрт...
— Имя?! Звание?! Где расположена твоя часть?!
— Водку берём!!!

ЭПИЗОД 3

Задание 12. Переведите и выучите следующие слова и словосочетания.

> распоряжение, ёмкий, тост, душа, преступление, облегчиться, уголовный розыск, транспорт, медитировать, кабан, лось, кордон, верста, обалдеть (обалдевает), свистнуть, расстроиться, переправить, бомбардировщик, бомболюк, буёк (буйки), баня, горло, окатить, тварь, международный конфликт.

Задание 13. Запомните следующие разговорные слова и выражения.

> отдать концы (отойти от причала, отчалить), наш человек (такой, как мы), девки (девушки), как мне быть (что мне делать), без надобности (не нужно), в самый раз (хорошо подходит), слыхал (слышал), наморщи ум (хорошо подумай), из горла (из бутылки), хлещет (много пьёт спиртного), под медведя работает (притворяется медведем), завалит (убьёт).

Особенности национальной охоты **урок 12**

Задание 14. Просмотрите и прослушайте эпизод 3. Постарайтесь ответить на вопросы.

1. Хотел ли Райво пить водку?
2. Почему генерал говорит короткие тосты?

Задание 15. Прослушайте эпизод 3 ещё раз. Прочитайте текст диалога, поставьте ударение.

— Товарищ генерал, командир дивизиона интересуется вашими дальнейшими распоряжениями.

— Отходим. Отдать концы.

— Есть. Отдать концы!

— Забыли!!! Товарищ генерал, коробочку забыли! Товарищ генерал!!! Забыли коробочку!

— Райво, давай!

— I'm sorry. I don't usually drink, I don't want to drink.

— Чего он говорит?

— Говорит—не пьёт.

— Не пьёт?! Знаем, как вы не пьёте! Давай, не нарушай традицию, а то охоты не будет, давай-давай!

— Ну, за встречу!

— Вот что мне нравится в тебе, Михалыч, это то, что ты ёмкие и содержательные тосты выдаёшь.

— Тост на охоте должен быть кратким, как команда, как выстрел; иначе времени на отдых не останется...

— Сколько раз сюда приезжаю, не перестаю удивляться... Какая красота, а! Ты посмотри вокруг, а! Вы знаете, почему так злобы много сегодня в людях? В городах сидят, на природу не выезжают, а злость в душах копится, а выход—в преступлении... А приехал бы сюда разок, походил бы, облегчился... я имею в виду... и жить стало бы намного легче. Михалыч!..

— Ну, за красоту!

— Во, наш человек!

— Оставь его, пусть отдыхает.

— Он устал, работает в полиции, в уголовном розыске.

Задание 16. Найдите синонимы:

спиртное	команда
переправить	дать, подарить
традиция	никто не знает
в самый раз	алкоголь

обалдеть	удивиться
выдавать	ссора
конфликт	переслать
презентовать	хорошо подходит
распоряжение	обычай
чёрт его знает	говорить

ЭПИЗОД 4

Задание 17. Просмотрите и прослушайте эпизод 4. Постарайтесь ответить на вопросы.

1. Что делает Кузьмич в огороде?
2. Как Кузьмич встретил гостей? Почему?
3. Хорошо ли Райво и Кузьмич понимают друг друга?

Задание 18. Прослушайте эпизод 4 ещё раз. Прочитайте текст диалога. Вместо пропусков вставьте нужные слова.

— Давай к берегу, так сойдём.
— Есть! Есть _____! Это Кузьмича, я знаю-знаю. Вон там «К» нарисована.
— Аккуратнее, аккуратнее.
— Кузьмич! Ну, _____!
— Кузьми-ич!
— Да вон он! В огороде. Медитирует.
— Кузьмич! Ну, хватит _____!
— _____!?
— _____! Ванька! Михалыч Ваньку, сынишку, привёз!
— Какой сын? У меня же дочь!
— Да это же финн, Кузьмич!
— Кузьмич, а ты ещё одну корову завёл что ли?
— Зачем? Мне с одной-то не справиться. А _____ ушёл. Ушёл. Ушёл далеко. Зачем финна-то привезли? _____, а у меня одни лоси.
— Zhenya, when does the hunting starts?
— Что он говорит?
— _____, _____…
— А! _____! _____! Туда пойдем! На дальний кордон.
— А почему на дальний кордон, это же вёрст 20?!
— Там _____! _____!

Особенности национальной охоты — урок 12

— Лось—крупное животное: огромные рога, большие глаза...
— А, да-да, _____! _____ у нас во! Отличные! Во—глазастые! Ну... сам понимаешь... Туда её уведёшь... Туда, в лесок. И там её...
— Как? Лося?
— Ну так природа красивая, брат, она же обалдевает, а ты её...
— Мы _____, _____, ты и я— _____.
— Zhenya, what is he saying?
— Он говорит, что сделает с тобой это...
— No-no-no? that's not my spot. I like women.
— Да ты не бойся, девки близко. Это лось далеко ушёл, лось далеко ушёл, а девки близко. Только свистни... Всем хватит... Ты и я—вместе свистнем, они и прибегут.
— Стой! Стой! _____! _____! Сворачивай! _____! Вы что? _____?!
— Так... Кто это сделал?
— Кузьмич, мы ж думали, ты нас _____... Мы и пошли на тебя... Ты что, _____? Кузьмич, не _____!

Задание 19. Прослушайте диалоги ещё раз и проставьте ударения в тексте. Прочитайте диалоги выразительно.

Задание 20. Что особенного вы увидели в хозяйстве Кузьмича? Как можно охарактеризовать его самого?

Задание 21. Найдите в тексте эпизодов 1—4 фразы, содержащие а) удивление; б) обращение; в) тост.

ЭПИЗОД 5

Задание 22. Просмотрите и прослушайте эпизод 5. Постарайтесь ответить на вопросы.
1. О чём Кузьмич просил Михалыча?
2. Как Михалыч предложил перевозить корову?
3. Кого испугались мужики в бане?

Задание 23. Прослушайте эпизод 5 ещё раз. Прочитайте текст диалога выразительно, поставьте ударения.

— Ну, за дружбу!
— Нет, я всё-таки не понимаю, почему на дальний кордон? И как это мог зверь уйти?
— Как? Ногами! Ногами ушёл, туда!

— Женя, Кузьмич сказал, что занимается любовью с лосями.

— Да, он любит лосей, у него года два жила лосиха.

— Михалыч, ты как военный человек посоветуй, как мне быть. Мне б коровку свояку на дальний кордон. Мне она без надобности, а ему в самый раз...

— Ха! Ну теперь я понимаю, почему на дальний кордон!.. Коровку ему надо к свояку переправить, слыхал? А мы ее, значит, на лодке будем перевозить? Да?

— Михалыч, наморщи ум, ты ж генерал. Посоветуй, как мне свояку корову доставить?

— Самолетом.

— Ты что, смеёшься? У нас же одни бомбардировщики вокруг!

— В бомболюке. Только я тебе не помощник в этом деле, сам договаривайся. Я тебе идею выдал... Ну, за братство!

— Михалыч, за буйки не заплывай!

— I feel as if I am falling to pieces. My hands, legs, head and soul are all separated. (Я чувствую как будто я распадаюсь на части. Мои руки, ноги, голова и душа—все разделены)

— Что он говорит?

— Да хорошо ему...

— Баня, брат. Русская баня... Переведи ему: баня!

— И ты пришел, мой маленький. Погреться пришёл.

— Это кто это там водку из горла хлещет, а?

— Да Михалыч это, под медведя работает...

— Это медведь! Настоящий!

— Вам не трудно окатить меня холодной водой?

— Генерала зови!

— Михалыч!

— It's a bear!

— Тихо! Тс-с-с!

— Да, медведь. Зашёл водки попить.

— Домашний?

— Так ты говоришь, зверя нет, да? На дальний кордон ушел?

— Что делать будем, а?

— Что-что... Придет Михалыч и завалит эту тварь...

— Да, если эта тварь уже не завалила Михалыча...

— Чего он орет-то?

— Чего, чего? Водки напился, теперь песни поет...

— Скорей бы напился... Слушай, может, ты сможешь выбраться отсюда? Тебе бы только до дома добежать... а там ружья...

— Короткая—идёт... Райво исключаем. Если медведь... в общем, нам международный конфликт не нужен.

— Ну, слушай, какой конфликт! Международный конфликт, понимаешь... Он тоже на охоту приехал—вот она, охота, между прочим. Все равны перед...

— Перед медведем... Ага!

— Ладно! Ладно. Да, Кузьмич, ружьё моё—оно теперь твоё, угу.

— Прошёл, кажется...

— Серёга! Серёга! Ты где, Серый?!

— Держи!

Задание 24. Придумайте короткие диалоги, используя следующие фразы:

— Ты что, смеёшься?

— Что он говорит?

— Что делать будем, а?

— Тихо! Тс-с-с!

— Да хорошо ему...

— Так... Кто это сделал?

— Какой сын? У меня же дочь!

ЭПИЗОД 6

Задание 25. Переведите и выучите следующие слова и словосочетания.

кипяток, мостки, полено, рычать, сволочь, вытрезвитель, опохмелиться, сойти с ума, сумасшедший, объяснительная, затечь (затёк), спасательная техника, изюм, шалить, борт, егерь, непроизвольный, доярка, изменить (кому).

Задание 26. Запомните следующие разговорные слова и выражения.

угробил (убил), ну вы, блин, даёте (я не ожидал от вас такого), нам конец (нам будет очень плохо), выжрал (выпил спиртное), башка раскалывается (голова очень болит), лыка не вяжет (очень пьяный), погоди (подожди), бей (стреляй), на баб потянуло (захотелось встретиться с женщинами), принарядиться (нарядно одеться).

Задание 27. Просмотрите и прослушайте эпизод 6. Постарайтесь ответить на вопросы.

1. Что произошло в бане с генералом?
2. Почему Лёва разговаривает с медведем?

Задание 28. Прослушайте эпизод 6 ещё раз. Прочитайте текст диалога. Вместо пропусков вставьте нужные слова.

— Что-то долго не идет...

— _____!
— _____!
— Держать!
— Помогай!
— _____! Чего сидишь?! _____!
— Давай! Держать!
— Отпускай!!!
— Михалыч! А мы думали— _____! _____, ты чего?
— Куда ногами-то вперёд? _____, _____ надо!
Михалыч, ну кто ж знал, что это ты? Мы ж _____!
— Чё ж ты кричал-то. Мы ж _____, _____.
— Ну!
— Давай, давай, заноси-к мосткам...
— Разворачивай! Не командуй—разворачивай!
— Ох, как же так-то, а?
— Огня!
— Медведь... медведь... Чуть было человека не _____!
— Кто? Я?
— Ага.
— А кто _____?
— Так я ж, действительно, думал, что это медведь. Михалыч!
— Райво!
— Женя, здесь медведь!
— Хорош.
— Ну вы, блин, даёте! _____?
— _____, гад!
— Если б ты не рычал, когда в баню лез...
— Мы ж думали, _____!
— Да.
— Где эта сволочь?
— Где эта сволочь?!
— Где?!
— Да, вон, _____!
— Малолетка...
— _____?
— А ты его в вытрезвитель сдай или опохмелиться не давай, пускай помучается...
— Он у нас всю водку выжрал...
— Ну-ка, _____!..
— Завтра башка будет _____... Молодой ещё.

— Чьи?
— Так это ж серёгины...
— Серёга! Серёга, выходи! _____!
— Он его выжрал, гад, съел!
— Да ты чего, с ума сошёл? _____.
— А ну колись: где _____?!
— Да ты что? Ты ещё объяснительную у него попроси, он же лыка не вяжет.
— Да он—последний, кто его видел... Сволочь! Он мне сейчас все скажет!
— Да он говорить не умеет! Медвежонок он!
— А у меня и не такие говорили!
— _____, _____.

Задание 29. Прослушайте диалоги ещё раз и проставьте ударения в тексте. Прочитайте диалоги выразительно.

Задание 30. Перескажите просмотренную часть фильма, используя новые слова и выражения.

ЭПИЗОД 7

Задание 31. Просмотрите и прослушайте эпизод 7 фильма один раз. Постарайтесь ответить на вопросы.
  1. Чем придавило Серёгу?
  2. О чём спрашивали друг друга Лёва и Михалыч?

Задание 32. Прослушайте эпизод 7 ещё раз. Расположите реплики диалога в правильном порядке.
— Женя, что это?
— Вроде дышит. Серёга! Погоди, мы тебя вытащим.
— Наклоняй!
— Подожди ты!
— Аккуратней!
— Это тренировка перед русской охотой.
— Чем это меня?..
— Ставим!
— Серёжа? Серёжа?!
— Серёга, подожди, мы сейчас тебя освободим. Потерпи!
— Дай ему... Наклоняй!
— Думал—всё... конец...Совсем, совсем затек весь...
— Серёжа, отдай ружьё! Отдай!
— Стоп. Взяли! Что ж ты хотел—спасательная техника!

— А водки много выжрал.
— Ну-ка, приведите ко мне этого...
— Да, мелковат.
— Ну и что с ним теперь делать?..
— Кузьмич, чем это ты его кормишь?
— А я говорил—не сезон ещё.
— Мелковат.
— Скажи «изюм»!
— Да... Что делать? Что-то надо...
— Это я спрашиваю, что с ним делать?..
— Да, что с ним делать?..

Задание 33. Прослушайте диалог ещё раз и прочитайте его выразительно.

Задание 34. Как звучат разговорные формы следующих слов и словосочетаний.

> убить, голова болит, очень пьяный, очень злой, очень быстро, хорошо подходит, подожди, нарядно одеться?

ЭПИЗОД 8

Задание 35. Просмотрите и прослушайте эпизод 8 фильма один раз. Постарайтесь ответить на вопросы.
  1. Почему приехал милиционер?
  2. Куда Кузьмич позвал Райво?

Задание 36. Прослушайте эпизод 8 ещё раз. Прочитайте текст диалога. Вместо пропусков вставьте нужные слова.
  — Кто стрелял? _____?
  — Семёнов— _____?
  — Водку?! Водку... Буду.
  — А я думаю, что за шум? А это _____...
  — А у нас тут шалить стали, _____... с буквой «К» на двух бортах...
  — У егеря _____. Был непроизвольный взрыв охотничьих патронов. Да, так и запиши.
  — Мне очень хочется сходить на _____.
  — Да, _____—это очень хорошо. Я люблю охотиться, но не имею _____.
  — Ну-ка дай!
  — Ниже, ниже бей!

— Когда мы пойдём на охоту?! На _____...

— А, понимаю, меня тоже на баб потянуло... Так сейчас поздно, всех разобрали. Если только в _____... _____, _____, понимаешь, _____. Ты и я идём _____... Понимаешь? Только _____. Одежда у тебя не та.

— Ты и я едем к коровам, чтоб любить. Понял?

— Я не очень хочу делать это с коровами...

— Женя...

— Ты чего принарядился? На танцы что ли?

— Кузьмич зовёт заниматься любовью с коровами...

— Нельзя отказывать Кузьмичу! Я бы сам, да не могу изменить ей... Ну а ты поезжай!..

— Повторяю: если машины нет, значит, _____... или _____... Водки у нас много, поэтому поехали _____. Ты был один, в форме; формы сейчас у тебя нет — значит, ты поехал _____, но не _____, потому что водки у нас много...

Задание 37. Прослушайте диалоги ещё раз и проставьте ударения в тексте. Прочитайте диалоги выразительно.

Задание 38. Подберите к следующим словам антонимы из текста фильма.

> столица, потомки, типичный, добрейшей души человек, тело, обрадоваться, умышленный, быть верным, заводить (мотор), очищать.

ЭПИЗОД 9

Задание 39. Переведите и выучите следующие слова и словосочетания.

> мотор, руль (за рулём), штурвал, фашист, экология, секретная часть, прапорщик, трибунал, глушить (мотор), полковник, моча, тюльпан, казус, экипаж, зачислить, эфир, комендант, майор, сектор, полк, штурман, засорять, капитан, раскорячиться, просочиться, парашют, домашний арест, колхозный, дерьмо.

Задание 40. Запомните следующие разговорные слова и выражения.

> смочи губы (немного выпей), охота (желание), ошибочка вышла (произошла ошибка), перебрать (слишком много выпить), мент (милиционер), кончайте болтать (прекратите разговаривать), настучать (рассказать, доложить), глушить двигатель (останавливать мотор), полсотни (50), особист (сотрудник особого отдела (контрразведки)).

Задание 41. Просмотрите и прослушайте эпизод 9 один раз. Верны ли следующие утверждения?

1. Кузьмич рассказывает Райво, какие в России коровы.
2. Пьяница провёл у машины всю ночь.
3. Кузьмич хорошо знает немецкий язык.

Задание 42. Прослушайте эпизод 9 ещё раз. Прочитайте текст диалога.

— А знаешь, какие у них зады?! Вот такие!
— У нас в Финляндии коровы тоже очень большие.
— А груди—вот такие!
— У наших грудей нет.
— Что-то стучит в моторе.
— Смочи губы. Глотни, они это любят.
— Осмотрись пока... я пойду подыщу для тебя.
— Кузьмич, я не хочу! У меня охота пропала, да и не было её.
— Reivo, komm zu mir (Райво, иди сюда). Улыбайся, им это нравится.
— Да, у нас в Финляндии коровы тоже любят доброту.
— Hier sind wir zu gast (Это мы пришли в гости)... Ошибочка вышла. Открывайте, свои пришли.
— Ну как они, хороши?
— Хороши.
— Ja-ja, stimmt (Да-да, верно).
— Начальник, начальничек, выпусти. Ну выпусти, а: всю ночь здесь продержали, Христом-богом прошу, начальник. Ну ты что, русских слов что ли не понимаешь: открой - не могу я больше!
— Кажется, вчера перебрали немного... Башка раскалывается—не могу. Садись, поехали!
— Ich kann das Auto nicht fahren...(Я не умею водить машину...)
— Nicht sprech Sie Deutsch. (Не говори по немецки) Я в школе учил, не понимаю... Давай, садись—и поехали!
— Du furst doch gestern das Auto! Das Auto! (Но ты вчера вёл машину! Машину!)
— Да я никогда за рулём не сидел. Ты чего, перепил? Я вообще машины боюсь.
— Ich bin voll! (Я сильно пьян!)
— Садись за штурвал! Ой, башка раскалывается.
— Кузьмич, открывай. Кузьмич, ты что, в менты пошёл, да? Открывай сейчас же!
— Это кто там у тебя?
— Давайте быстрей! Кузьмич... сука... Фашисты! Всю ночь держали...

Особенности национальной охоты │ урок 12

Задание 43. Ответьте на реплики фразами из диалога.

— В Китае у коров огромные рога!

— ...

— Кто там?

— ...

— Как ты себя чувствуешь?

— ...

— Ты хорошо умеешь водить машину?

— ...

— Мы скоро придём.

— ...

ЭПИЗОД 10

Задание 44. Просмотрите и прослушайте эпизод 10. Постарайтесь ответить на вопросы.

1. Что потерял Семёнов?
2. Кому звонил комендант аэродрома?
3. Что решили сделать пилоты?

Задание 45. Прослушайте эпизод 10 ещё раз. Прочитайте текст диалога по ролям.

— Природу бережём... экология...
— Что ж мент сапоги не взял?
— Какие сапоги?
— Ну, он же сапоги искал?
— Семёнов пистолет искал, пистолет он потерял.
— У вас очень большая армия.
— Это плохо?
— А ну, кончайте не по-нашему болтать! Секретная часть всё-таки!
— Эта что ли?.. Войдет. Ну, пошли. Давай-давай.
— Да ты что, прапорщик, совсем с ума сошёл? Да мы с этой коровой под трибунал пойдём!
— Совсем все с ума посходили. Ай, делай что хочешь... Открывай... Долетит... Ладно...
— А чего это он там делает?
— Комендант! Настучали...
— Куда?! Стой! Стой, приказываю остановиться! Глуши двигатели! Стой, под суд отдам! Стой! Стоять!
— Слышь, коровка-то долетит?.. Ну она ж в первый раз...
— Теперь многие полетят!

— Полетела, родимая.
— Точно говорю: у них в бомболюке животное!
— Да.
— Товарищ полковник, так что ж я: коровью мочу с чьей-то другой мочой перепутать могу?!
— Жду.
— Внимание! Говорит тюльпан. Всем бортам. У нас тут лёгкий казус. Прошла информация, что кому-то в экипаж зачислена корова. Борт 57, как поняли?
— Я полсотни семь, Вас понял.
— Попрошу прекратить информацию в эфир.
— Милиция, говорит комендант аэродрома майор Чердынцев.
— Борт 57, вам приказ вернуться на точку. Как поняли?
— Я полсотни семь, вас понял. Иду домой.
— У Вас разворот в западном секторе. Выходите на час пятнадцать.
— Ребята, у нас тут такое творится. Комендант милицию вызвал, командир полка приехал, даже особиста разыскивают.
— Вас ждут с коровой.
— Командир!
— Штурман, сброс.
— Есть сброс.
— Котлета.
— Я тюльпан. Какая котлета? Не засоряйте эфир!

Задание 46. Выделите приставки в следующих словах, попытайтесь определить значение этих приставок.

> отгонять, долететь, полететь, перепутать, зачислить, вызвать, разыскать, подыскать, прийти, выпустить, отказывать, принарядиться.

ЭПИЗОД 11

Задание 47. Просмотрите и прослушайте эпизод 11 фильма один раз. Верны ли следующие утверждения?

1. Бомбардировщик вернулся обратно на аэродром.
2. Лётчиков встречал генерал.
3. Пилоты были уверены, что сбросили корову.
4. Они сознались, что согласились везти корову за бутылку водки.

Особенности национальной охоты урок 12

Задание 48. Прослушайте эпизод 11 ещё раз. Прочитайте текст диалога. Вместо пропусков вставьте нужные слова.

— _____, согласно вашему приказу _____ капитана Конопкина полёт прекратил. Вернулись на точку. _____ капитан Конопкин.

— По нашим сведениям, вы _____ везёте животное.

— Какое животное? _____, никакого животного мы не везём.

— Точно везут, товарищ полковник. Точно везут, я Вам докладывал. _____ _____.

— _____.

— О! Ну что я говорил, товарищ полковник, а? Везут! О!

— Да, _____ —не так раскорячишься!

— _____, что я говорил: вот как используют _____.

— Откуда она здесь?

— Не могу знать! Просочилась...

— А может, она сама... _____, забралась...

— Если б сама, _____ бы захватила. Корову _____, _____ под арест! _____...

— Стой! Вяжите её! Стой! Лейтенант, справа заходи! Держите её! Справа!

— Семёнов, ну чё? Как там корова-то моя, а?

— Думал, колхозная, которую украли, а это твоя летала?

— Ну...

— Ну, Кузьмич!.. Всех дерьмом измажешь!

— Ты что, каким дерьмом?

— Вы арестованы!

— У тя пистолетик-то есть?

— Тогда задержаны... все!

Задание 49. Прослушайте диалоги ещё раз и проставьте ударения в тексте. Прочитайте диалоги с соседом по ролям.

Задание 50. Продолжите предложения без опоры на текст фильма.

— Ты что, ….

— А может, ...

— Ну что я говорил, ...

— Точно говорю: ...

— По нашим сведениям, ...

— Прошла информация, ...

— А чего это ...

— Да ты что, ...

— А ну кончайте ...

— Попрошу прекратить ...

ЭПИЗОД 12

Задание 51. Переведите и выучите следующие слова и словосочетания.

чёрт, факт нарушения налицо, гражданин, авантюра, реальность, улика, следствие, табельное оружие, мучение, процесс, сетка, приклад, Господи, смысл, гуманно, груз, идиот, пасть, грести, абориген, кучно, заплаты, упустить, стегануть (стегать), азарт, усвоить.

Задание 52. Запомните следующие разговорные слова и выражения.

байка (неправдивая история), втравить в авантюру (вовлечь в рискованное дело), бросить пить (никогда больше не пить спиртного), огонь! (стреляй!), сбылась мечта идиота (осуществилось давнее желание), тянуть (медлить, не торопиться), попёрлись (пошли), палить (стрелять), боты (обувь), родимая (родная).

Задание 53. Просмотрите и прослушайте эпизод 12. Постарайтесь ответить на вопросы.

1. Что Михалыч назвал байкой?
2. Что нужно найти героям?

Задание 54. Прослушайте эпизод 12 ещё раз. Прочитайте текст диалога.

— Выходи!

— Да они же пьяны! Черти вы, черти... Нам на охоту идти, а вы пить! Тьфу!

— Не только пить... Корову на военном самолете везли!

— Кузьмич! Ты что, серьёзно?.. Да это ж байка! Да не было такого...

— Байка не байка, а факт нарушения налицо.

— А мы твои сапоги нашли...

— Какие сапоги?

— Есть чем прижать?.. А еще иностранного гражданина в свою авантюру втравили... Холодная...

— Ну, за справедливость!

— Женя, мне кажется, это уже было... Сон, реальность...

— Да. Мы живем вечно, только забываем иногда об этом... Было всё.

— Погоди-погоди... Потеряна важная улика - корова. Без неё следствие может зайти в тупик.

— И пистолет!
— И табельное оружие - пистолет системы «Макаров». Наша задача?
— Найти пистолет мой!
— И?..
— И?
— Мою корову!
— И корову!

Задание 55. Расскажите о генерале Михалыче. Какими особенными чертами он обладает?

Задание 56. Придумайте предложения с разговорными словами из задания 52.

ЭПИЗОД 13

Задание 57. Просмотрите и прослушайте эпизод 13 фильма один раз. Верны ли следующие утверждения?
1. Райво понял, что такое русская охота.
2. Медведь погнался за охотниками потому, что хотел пить водку.
3. Серёга приказал Семёнову стрелять в медведя.

Задание 58. Прослушайте эпизод 13 ещё раз. Прочитайте текст диалога. Вместо пропусков вставьте нужные слова.
— Женя. Это русская охота?
— Это мучение... Всё на фиг, _____...
— Это охота?
— О, господи! Если бы я знал!..
— Что?
— Да, это _____.
— Кузьмич говорит, что тут зверя нет...
— Для нашей _____ охоты главное-не зверь, а _____.
Ты ходишь, _____... можно ничего не делать, только ходи...
— А это можно делать без водки?
— Хотелось бы...
— Сетку бросай!
— Бросай сетку!
— Сетку бросай!
— Бросай сетку!
— Михалыч, _____!
— Выше, выше, пожалуйста, лезьте!

— _____? Ну куда? Вот _____? Приклад уберите. Господи, куда ты лезешь? Ну что тебе, деревьев мало кругом?

— Да не _____! Не _____ же я!

— Господи, ну что ж ты в меня вцепился. Ну я-то тут при чём, а?

— Да _____ ты, гад! Да _____!

— Бросай ты сетку! Бросай сетку!

— Нет. Не бросит!

— Ага, с водкой _____!

— Семёнов! Сержант Семёнов, по зверю— _____!

— Есть!.. А чем огонь? _____ -то потеряли.

— Женя, я не понимаю смысла этой охоты...

— Смысл? Смысл, накормить и напоить зверя.

— Это очень гуманно...

— Я думаю, что водка—лишнее.

— _____...

— Ну что сидите? _____! Мы ж кричали, сетку надо было бросать. Он водку почуял—вот и погнался за вами.

— Вот мы и _____.

— Всю-то зачем? _____ бы хватило на опохмел...

Задание 59. Прослушайте диалог ещё раз и проставьте ударения в тексте. Озвучьте диалог вместо актёров.

Задание 60. С какими существительными можно употребить следующие слова.

> гуманный, военный, секретный, сумасшедший, международный, дальний, уголовный, добровольный, местный?

ЭПИЗОД 14

Задание 61. Просмотрите и прослушайте эпизод 14 фильма один раз. Верны ли следующие утверждения?

1. Кузьмичу пришлось отдать свои резиновые сапоги, чтобы делать заплаты для лодки.

2. Кузьмич изучил финский язык и может свободно разговаривать с Райво.

Задание 62. Прослушайте эпизод 14 ещё раз. Прочитайте текст диалога.

— Я земля! Я Семёнов! Груз получен, спасибо!

— Да не за что! Генералу привет!

— Вас понял!
— Женя, когда же мы будем охотиться?
— Теперь не знаю...
— А из Финляндии её не видно...
— Ну вот, сбылась мечта идиота...
— Ну, теперь вся утка наша.
— Во... отвечает! Слышишь?
— А-а-а!!!
— Быстрей давай, давай, ну, что тянете?! Михалыч!
— Какая сволочь стреляла?!!
— Михалыч, держись!
— Пасть порву!
— Лёва, держитесь!
— Да мы тонем, Михалыч, чего ты молчишь?!
— Быстрей, быстрей давай!
— Да мы гребём!
— Прыгай, прыгай, Михалыч!
— Быстрей вытаскивай меня!
— Убью!
— Ну и какая сволочь стреляла!
— Так вам же сказали, в Глухие надо идти! А вы куда попёрлись?!
— А это что по-твоему, абориген хренов?
— Глухие—вон, а это... Глухие...
— Кузьмич, ты каким номером палил?
— Пятёркой.
— Кучно пошла, аккурат между нами.
— Снимай сапоги!
— Зачем?
— Давай, снимай сапоги! На заплаты пойдут твои боты...
— Михалыч?!
— Снимай, снимай.
— Лёва, зачем большие куски режешь?... Бери с верха, там и резина потоньше.
— Молчи... Всё одно: все уйдут. Может ещё и не хватит...
— Здесь рыбы нет. Рыбы нет!
— Да, и рыба со зверем тоже на дальний кордон ушла...
— Ну, вытягивай! Давай!
— Да не волнуйся, понимаю, давай!
— Вот она, вот она, родимая!
— Кто упустил? Да, я упустил. Она меня как стеганула! Её бы никто не смог удержать!

— Это я-то не умею держать? Я таких держал!
— Ну конечно, в азарте я чуть за ней туда не прыгнул!
— Кузьмич!
— Чего?
— Ты что, финский усвоил?
— Какой финский?
— Ну, он же по-фински говорит.
— Кто по-фински говорит?
— Он же финн!
— Кто финн?
— Я!

Задание 63. Придумайте и запишите вопросы к эпизоду 14.

Задание 64. Опишите комнату в доме Кузьмича. Что в ней особенного?

Задание 65. Составьте предложения со следующими словами и словосочетаниями.

> возиться, впадать в отчаяние, раздражительный, агрессивный, личность, в азарте, подросток, авантюра, реальность.

ЭПИЗОД 15

Задание 66. Переведите и выучите следующие слова и словосочетания.

> отчаяние, динамит, возиться, яд, бельё, поскользнуться, мчаться, рама (велосипеда), «Смирно!», дрожание конечностей, паралич, подросток, озвереть, раздражительный, агрессивный, замкнутый, отчуждённость, личность, прочесать, мыс, лицензия, поблизости, запруда.

Задание 67. Запомните следующие разговорные слова и выражения.

> впадать в отчаяние (сильно расстраиваться), не учи учёного (я и так знаю), грохнуть (рвануть, взорвать), цыц! (тихо!), с тебя приходится (с тебя причитается, ты наш должник), сыскарь (следователь).

Задание 68. Просмотрите и прослушайте эпизод 15 фильма один раз. Верны ли следующие утверждения?

1. Семёнов нашёл свой пистолет.
2. Кузьмич достал взрывчатку и хотел взорвать дом.

Особенности национальной охоты **урок 12**

Задание 69. Прослушайте эпизод 15 ещё раз. Прочитайте текст диалога.

— Всё же нашли...
— Кузьмич! Он говорит, не надо впадать в отчаяние! Есть надежда, что найдём.
— Что найдём?
— Пистолет мой!
— А, да-да...
— Вот. Он говорит, не надо впадать в отчаяние! Найдём.
— Ну что? Что теперь делать будем? Знаешь?
— Знаю. Теперь ты можешь впадать в отчаяние—пистолета нет. Пропал он.
— Работать пойдёшь. Умеешь что-нибудь делать-то?
— У-у...
— Да, есть отчего впасть в отчаяние.
— Что обидно: я её в руках держал. Вот такая! Во! Она как хвостом махнула... в воду—плюх! И...
— Ты меня поучи, поучи учёного! Я столько рыбы видал—тебе и не снилось! Сейчас как возьму динамит—грохну, у тебя глаза на лоб вылезут.
— Ё-моё! А я за что её хватал?!
— Цыц! Вы ещё подерётесь, горячие финские парни...
— Ну, за рыбалку!
— Лёва! Да кончай ты с лодкой возиться! Давай к нам!.. Лёв, ну давай, садись...
— Пьёте, да? И пьёте, и пьёте... И пьёте, и пьёте... Всё пропили... Думаете, что, кончилась Россия, да? Во!!! Во!!! Вот тебе! Боитесь чего-то, да?! Спасения в ней ищете?! Что в ней нашли?.. Злой яд...
— Ты чего, Лёва? Напугал меня. Нет, У меня такое же бывает, тоже... Знаешь, бывает схватит, держит и не отпускает... И тогда или вот это, или к бабам. А лучше все вместе, сразу и много...
— Милиционер родился...
— Стирала на речке бельё красавица Элли. Поскользнулась на кусочке мыла и упала. А парень Юуси мчался на велосипеде. Попало колесо в ямку и упал Юуси прямо на раму велосипеда. Теперь Элли и Юуси не могут любить друг друга.
— Ну, за искусство!
— А когда я был вот такой маленький, я такую выбрасывал!
— Момент. Сейчас я тебе докажу. Щас порыбачим! Щас так порыбачим! Глаза на лоб повылезут. Он увидит, как у нас рыбу умеют ловить! Я тебе докажу, кто из нас рыбак! Сейчас как рванёт! Вся рыба в реке всплывёт! Все увидят, как я рыбу могу ловить!!!
— Стоять! Смирно! Завтра ж на охоту. Всем спать.

181

Задание 70. Придумайте и запишите вопросы к этому эпизоду.

Задание 71. Расскажите, какое впечатление произвел на вас Райво. Изменилось ли его поведение в процессе пребывания в компании русских друзей?

ЭПИЗОД 16

Задание 72. Просмотрите и прослушайте эпизод 16 фильма один раз. Постарайтесь ответить на вопросы.

1. О чём разговаривает Кузьмич с медведем?
2. С кем и о чём разговаривает Семёнов в машине?
3. Сколько лосей на мысу?

Задание 73. Прослушайте эпизод 16 ещё раз. Прочитайте текст диалога. Вместо пропусков вставьте нужные слова.

— И перестал он узнавать знакомых ему людей. Забывал число, месяц, год, не знал, где он находится. Потом возникли дрожания конечностей, осторожная, неуверенная походка, а затем последующие параличи. Подросток под влиянием спиртного буквально озверел: стал раздражительным, агрессивным, замкнутым, в поведении его обнаружилась отчуждённость. Запомни, потребление алкоголя, особенно в раннем возрасте, когда формируется личность, не только нежелательно, но и недопустимо. Понял? Что? Будешь пить? А?

— Нет, нет, нет и ещё раз... да.
— Надо к _____ идти, лес там весь _____.
— Так, я что-то не понял, мы на _____ или корову твою _____?
— _____...
— Ну вот и идём на мыс, как _____.
— А лицензия у вас есть?
— Конечно... нет.
— О! Нашли!
— Так я ж говорил, что Лёва найдёт.
— _____! Ты понимаешь, что _____?
— А то!
— Ну, Лёва!.. Ну, сыскарь!..
— Что значит, не летают? У меня _____ здесь. _____!
— Хорошо, взлетаем.
— Давай, жду.
— Сейчас всё узнаем. Они сюда вертолёт присылают.

— Да ну, с вертолёта, с танка—всё это _____.
— Семёнов! Кабанов на дальнем болоте видели.
— Слушай, у меня генерал _____. _____ ему сложно.
— Понял тебя.
— _____. Далеко залетать не надо.
— А меня на охоту возьмёте?
— Семёнов, видим лосей на мысу около запруды.
— А сколько их там?
— Двое.
— Двое?
— На мысу _____.
— А _____ там нет?

Задание 74. Прослушайте диалог ещё раз и проставьте ударения в тексте. Прочитайте диалог с соседом по ролям.

Задание 75. Опишите милиционера Семёнова. Что можно сказать о его характере и поведении?

ЭПИЗОД 17

Задание 76. Переведите и выучите следующие слова и словосочетания.

распадок, дурак, катер, протока, перебираться, обезьяна, снежный человек, поганый, мерещиться, отливать пули, низина, гадать, смириться, хоронить, разделывать, вегетарианец, брезговать, филей, рефлекс, пятка, перелом, скотина, декларация о независимости, гибель.

Задание 77. Запомните следующие разговорные слова и выражения.

да ты загнул! (слишком сильно врёшь), ломануться (побежать), роги (рога), снял (ловко подстрелил), в упор (очень близко), орлы (молодцы), под смертью ходить (быть в смертельной опасности), чистоплюй (брезгливый человек).

Задание 78. Просмотрите и прослушайте эпизод 17. Верны ли следующие утверждения?

1. Зверь ушёл и охотники пойдут за ним в другое место.
2. Женя предлагает охотиться на снежного человека.
3. Семёнов сказал, что видел лося.

Задание 79. Прослушайте эпизод 17 ещё раз. Прочитайте текст диалога.

— Олегыч, ты где должен быть?
— А где я должен быть?
— На своём номере!
— О, Господи! Да буду я на своём номере! Нельзя на минутку сесть позавтракать что ли?
— Ну что стоишь?! Пошли! Охотнички!
— Кузьмич...
— Стороной пошли... Там камень... Туда распадок идёт. Распадок, понимаешь... Встань там, зверь не дурак—он на тебя пойдёт, а ты его...
— Не-не, потом поблагодаришь.
— Михалыч! Подгоняй катера. Уходим.
— Всё, упустили зверя. Через протоку ушёл он. Через протоку ушёл зверь.
— Да, туда...
— Да, перебираемся.
— Женя, мы что, охотимся на обезьян?
— В России нет обезьян.
— Я видел огромную обезьяну.
— Ну и что? Что делать? Вернёмся и будем её ловить?
— Я не знаю.
— Ну тогда пойдём охотиться на лося.
— Кузьмич! Райво говорит, обезьяну какую-то видел. У тебя что, снежный человек тут водится?
— Какая обезьяна? Какой снежный человек? Зверь уходит! Лось! Давай в лодку!
— Да Семёнов где-то бродит, мент поганый! Семёнов!!!
— Пока там тебе обезьяны мерещатся, лось уйдёт!
— Да ты загнул! У нас сапог таких не выпускают. Вот самый большой: сорок седьмой.
— Голый? Да ты думай, когда пули-то отливаешь! Сейчас холодно. Кто голого на улицу выпустит?
— Семёнов!
— Ну чё вы тут сидите-то? Кузьмич! Зверь-то там вон, в низинке! По лесу ломанулся, роги вот такие!

Задание 80. Придумайте и запишите короткую историю, используя следующие слова.

на минутку, стороной, перебираться, бродить, выпустить, ловить, лодка.

Особенности национальной охоты **урок 12**

ЭПИЗОД 18

Задание 81. Просмотрите и прослушайте эпизод 18. Постарайтесь ответить на вопросы.

1. О чём спорят герои?
2. Что Семёнов предлагает делать с коровой?
3. Получил ли Серёжа перелом?

Задание 82. Прослушайте эпизод 18 ещё раз. Прочитайте текст диалога. Вместо пропусков вставьте нужные слова.

— Есть! Ну, _____! Ну что, видели, как я его снял? Я ему в _____ —раз!

— Ну да, конечно, я его _____ бил! Я его и _____!

— Ладно вам спорить, главное—взяли, хотя мой _____ и был _____.

— И всё-таки мой _____ был _____!

— Да чё гадать—сейчас спустимся и увидим.

— Ну орлы! _____!

— О чём речь, моя пуля его взяла. Моя пуля. А я ему говорю: _____, берите ниже. Он бах—мимо. Бах—мимо. Я уж потом сам стал стрелять—серьёзно.

— Михалыч—и мимо?!

— А меня это не удивляет. Я, кстати, давно за ним замечаю: не бьёт зверя. Не бьёт зверя. Стрелять—он стреляет, но так—просто так.

— Ну и чей _____ был _____?

— Мой!

— Мой-мой-мой!

— Нет, вообще-то я стрелял первым, но потом-то я перезаряжал...

— _____?

— Кузьмич! Ты ж смирился с её потерей. М-да. _____. Вот _____: и на самолёте _____... сколько раз _____. И вот...

— А с ней что делать будем?

— _____. Щас мы её только вытащим и _____.

— Как же? Тут же килограмм _____ будет.

— _____. Было...

— Здесь разрубим, лучшее возьмём, а кости _____.

— Ты что?

— Как хотите...

— На, разделывай!

— Не, я не умею.

— Ты?

— Я—не, я _____ и вообще _____...

— Ха, _____ ему! Бросать мясо глупо! Чистоплюй!

— Берём только филей! Где он только находится - этот филей? Начинать-то с чего, Лёва?

— _____ сначала отпили.

— А, ну да... Шутить изволите, да? Думаешь, мне доставляет это удовольствие? Просто кому-то надо начинать. _____ же _____ её здесь! Господи... Боже ты мой... А! Лёва! Она же _____! Я её вот так вот ножом—а у неё бок вот так вот и нога...

— Это рефлекс. Разделывай давай!

— Рефлекс...

— Куда? Лови её!

— На _____ попрыгай—сразу отпустит!

— Стой! Стой, тебе говорю! Стой-стрелять буду!

— Сам догадываюсь, что _____. Там ломаться-то нечему.

— Кузьмич палит! Решил добить скотину.

— Ну что?

— А, _____ совсем стала, не даётся. Ничего, потом возьмём.

Задание 83. Прослушайте диалог ещё раз и проставьте ударения в тексте. Прочитайте диалог выразительно.

Задание 84. Найдите в текстах диалогов все слова, связанные с охотой.

ЭПИЗОД 19

Задание 85. Просмотрите и прослушайте эпизод 19. Прочитайте текст диалога.

— О, пистолет-то не мой. У моего номер—1776—год подписания декларации о независимости Соединённых Штатов. Я хорошо помню. А это не мой. А тут, товарищ генерал, 1837—год гибели Пушкина, Александра Сергеевича.

— Хорошая охота была...

— Нормальная...

Задание 86. Кому из героев фильма принадлежат следующие реплики?

1. Вот что мне нравится в тебе, Михалыч, это то, что ты ёмкие и содержательные тосты выдаёшь.
2. Ты что, финский усвоил?
3. Ну вы, блин, даёте! Что это было?
4. Ну-всё, что знал, рассказал.
5. Добро пожаловать на землю предков!

6. Нельзя отказывать Кузьмичу!

7. Ты думай, когда пули-то отливаешь!

8. Михалыч, наморщи ум, ты ж генерал.

9. Цыц! Вы ещё подерётесь, горячие финские парни...

10. Пьёте, да? И пьёте, и пьёте... И пьёте, и пьёте... Всё пропили...

11. Повторяю: если машины нет, значит, поехали на Задание... или за водкой... Водки у нас много, поэтому поехали на Задание.

12. Тост на охоте должен быть кратким, как команда, как выстрел; иначе времени на отдых не останется...

Задание 87. Выразите согласие или несогласие.

1. Режиссёр фильма—Александр Рогожкин.
2. В роли Райво снялся финский актёр.
3. В фильме показывают только старинную дворянскую охоту.
4. Райво приехал в Россию, чтобы познакомиться с девушкой.
5. Райво говорит на финском, английском и немецком языках.
6. Когда вечером начали стрелять, приехали два милиционера.
7. Кузьмич хочет отправить корову к бабушке.
8. Кузьмич подстрелил на охоте утку.
9. Семёнов потерял пистолет.
10. Семёнов арестовал Кузьмича за нарушение военных правил.
11. В лесу Райво увидел снежного человека.
12. Охотникам удалось подстрелить лося.

Задание 88. Ответьте на вопросы.

1. В каком жанре снят этот фильм?
2. На каких языках разговаривают герои фильма?
3. Кто главный герой фильма?
4. Зачем он приехал в Россию?
5. Кто ещё собрался идти на охоту?
6. Что сделали герои, когда приехали к Кузьмичу?
7. Что случилось в бане?
8. Куда ездили Райво и Кузьмич на милицейской машине?
9. Зачем герои отправились в лес в первый раз?
10. Кто нашёл пистолет Семёнова?
11. На кого охотились герои, когда плыли на лодках?
12. Понравилась ли Райво русская охота?

Задание 89. Обсудите фильм в группе. О каких национальных особенностях характера русских людей вы узнали из этого фильма?

словарь

А

абсолю́тный〔形〕绝对的
а́втор〔阳〕(著作、作品的)作者
аге́нтство〔中〕公司代理
аз есмь = я есть 我是
академи́ческий теа́тр 模范剧院
аки = как〔连〕〈古〉好像
алкого́лик〔阳〕酒徒, 酒鬼, 醉鬼
алкого́ль〔阳〕酒精
алта́рь〔阳〕祭坛
аль = и́ли〔连或语, 民诗或俗〕或者
альфо́нс〔阳〕男妓, 小白脸
амбицио́зный〔形〕雄心勃勃
ан = а〈俗〉〔连〕可是, 其实, 却
ани́совый〔形〕茴香的
антиобще́ственный〔形〕反社会的, 违反秩序的
аппара́т〔阳〕器具, 器械, 机器, 仪器装置
аргуме́нт〔阳〕论据
арти́стка〔阴〕女演员
архео́лог〔阳〕考古学家
археологи́ческий〔形〕考古学的
архите́ктор〔阳〕建筑师, 设计师
арши́н (стари́нная ру́сская ме́ра длины́ равна́я 0,711 ме́тра) 俄尺 (俄罗斯测量长度, 1俄尺=711米)
аспе́кт〔阳〕方面
ассоциа́ция〔阴〕с чем 联想
асфа́льт〔阳〕柏油马路
а́том〔阳〕〈理、化〉原子
Аф́рика〔阴〕非洲
аэродро́м〔阳〕(飞)机场

Б

ба́ба (= же́нщина)〔阴〕〈口, 粗〉老娘们, 婆娘
ба́бий (= же́нский)〔形〕〈口, 粗〉婆娘的
ба́йка〔阴〕(неправди́вая исто́рия) 不真实的故事
баклажа́нный〔形〕茄子(制)的
балде́ть〔未〕〈俗〉昏迷, 神智模糊
балл〔阳〕分, 分数, 点
балова́ться〔未〕〈口〉淘气, 顽皮, 调皮
banди́т〔阳〕〈口语〉匪徒, 土匪, 强盗
банке́т〔阳〕宴会
ба́нковский〔形〕银行的
ба́рышня〔阴〕小姐, 千金小姐
башка́ раска́лывается (голова́ о́чень боли́т) 头很疼
бе́гать〔未〕〔不定向〕跑, 奔跑
бегемо́т〔阳〕公河马
бегемоти́ха〔阴〕母河马
беда́〔阴〕不幸, 灾难, 灾祸
бедола́га〔阳及阴〕(俗) 可怜的人, 不走运的人
без на́добности (не ну́жно) 不需要
безда́рность〔阴〕〈口, 蔑〉无才能的人
безобра́зие〔中〕(常用作谓)〈口〉岂有此理, 不成体统, 不像话
безобра́зничать〔未〕〈口〉胡做非为, 胡闹
безопа́сно〔副〕(用作谓) 没有危险, 安全
безотве́тственные о́пыты 不负责任的实验
безразли́чно〔副〕(用作谓) 无关紧要, 不在乎, 无所谓
безрассу́дный〔形〕鲁莽的, 轻率的, 冒失的
безу́мно〔副〕〈转, 口〉极端地, 非常强烈地
бе́лая горя́чка〈旧〉发狂
бели́ла тита́новые 钛白 (粉)
бельё〔中, 集〕内衣或家用布品 (床单、枕套、桌布、餐巾等)
берды́ш (вид ору́жия)〔阳〕钺, 斧 (古代兵器, 刃作半月形)
бе́рег〔阳〕岸, 岸边
бере́менный〔形〕怀孕的, 有身孕的
бесо́вский〔形〕恶鬼的, 吃人恶魔一般的
бессо́нные но́чи 不眠夜

СЛОВАРЬ

биография〔阴〕传记

бить (стреля́ть) бей (бить的命令式)〈口〉射击，开火

бить чело́м = кла́няться (чело́ = лоб〔中〕〈旧，雅〉前额，额), бить (或ударя́ть) чело́м кому́〈转，古〉向……叩头

блестя́щий〔形〕辉煌的，出色的，杰出的

бли́зкий〔形〕① 近的，不远的（指距离）② с кем 亲近的，亲密的；кому́-чему́ 与……密切相关的，与……心连心的

бли́зко〔副〕① 在附近，近处 ②〈口〉亲切地，很熟 ③（用作无人称谓语）近，离……很近

блин〔阳〕〈转，口〉真见鬼

блиста́ть〔未〕（因为拥有某种品质）闪耀，闪光

блоки́ровать〔完，未〕阻挡

блонди́н〔阳〕淡黄发男子

блузо́н (блу́зка) 女式夹克衫

бог (чего́) не даёт 生不逢时，上帝不答应

бог〔阳〕〈宗〉上帝，天主，神

боле́знь〔阴〕病，病症，疾病

болта́ть〔未〕闲聊，嚼舌头

больно́й〔形〕有病的，患病的

бо́нус〔阳〕奖励

бо́ты (о́бувь)〔复〕长筒橡胶（或棉）套鞋

бо́чка с по́рохом 火药桶：на бо́чку с по́рохом посади́ть кого́（古罗斯的一种死刑法）把犯人放到装满火药的桶上，点燃火药桶，将其炸上天

боя́рин〔阳〕（古罗斯的）大地主，大贵族

боя́ться〔未〕（кого́-чего́ 或接不定式）害怕

бра́во〔感〕好，好啊，好极了（喝彩声）

брасле́т〔阳〕镯子，手镯

бред〔阳〕〈转，口〉胡言乱语

бре́дить〔未〕说胡话，说梦话

бренд〔阳〕品牌名称，品牌，名牌，名优产品

бре́ндовый〔形〕品牌的，名牌的，有竞争能力的

бровьми́ сою́зна = бро́ви густы́е, почти́ соединя́ющиеся 几乎连在一起的浓密的眉毛

броса́ть〔未〕① кого́-что 掷，投，扔，抛 ② 扔掉，抛弃，放弃

бро́сить пить (никогда́ бо́льше не пить спиртно́го) 以后再也不喝酒了，戒酒了

брудерша́фт, вы́пить на брудерша́фт (с кем?) 与……饮酒订交

брысь〔感〕去（驱逐猫的声音）！

бу́дущее（用作名词）〔中〕未来，将来

буженина〔阴〕冷煮猪肉

бума́га〔阴〕公文，文件

бу́ря〔阴〕风暴，暴风雨

бутербро́д〔阳〕俄式三明治，面包夹肉

быт〔阳〕〈口〉日用百货公司，购物中心

В

в мили́цию замели́ = забра́ли в мили́цию, арестова́ли 抓到警局，逮捕

в моме́нт (о́чень бы́стро) 非常快

в са́мый раз (хорошо́ подхо́дит) 正好，非常适合

в упо́р (о́чень бли́зко) (стреля́ть) 近距离（射击）

ва́жный〔形〕重要的，重大的，要紧的

ванда́л〔阳〕汪达尔人（古代日耳曼人部族，曾大肆破坏、劫掠罗马城）

варе́нье〔中〕果酱，蜜饯

вариа́нт〔阳〕① 不同解决方案、办法 ② 变体，变态，变种

вари́ться〔未〕熬，煮，炖

ва́ше благоро́дие〔中〕（与ва́ше, его́, её, их 连用，沙俄时对尉官或与其同级文官的尊称）长官，大人

вдре́безги〔副〕粉碎，碎成小块

вдруг〔副〕忽然，突然，骤然

ве́дьма〔阴〕〈转，俗〉刁妇，泼妇

везти́〔未，定向〕① кого́-что (用、车、船、马等) 运输，运，拉，驮 ②〔未，无人称〕кому́-чему́ в чём〈口〉走运，运气好，手气好

век〔阳〕世纪

веле́ть〔完，未〕кому́（接动词原形或连接词чтобы）（过去时只用作完成体）吩咐，命令

вели́к (большо́й – об оде́жде) (只用短尾，指服装) –ика́, -о́, -и́ кому́ 或 для кого́（衣服）太大，肥大

вели́кий госуда́рь〔阳〕〈旧〉①（古罗斯及沙俄时期的）国王，国君 ② 沙皇

вели́кий князь 大公（古罗斯公侯之长的称号，后来成了赐封沙皇子孙、兄弟的爵号）

вели́чество〔中〕（与代词 ва́ше, его́, её, их 连用）陛下：ва́ше ~ 陛下（直接称呼时用），его́ ~ 陛下（间接提及时用）

велосипе́д〔阳〕自行车，脚踏车

вельми понеже = очень, потому что 〈旧，文〉非常，因为

Венера (планета)〔阴〕〈天〉金星

верить〔未〕кому 相信，信赖，信得过

вернуть〔完〕кого-что 归还，交回

вернуться〔完〕куда 返回

вернуться〔完〕回来，返回，归回到

версия〔阴〕（并存的一种）说法，不同说法

вес, -а〔阳〕重量

весёлый〔形〕① 快乐的，快活的，开心的，愉快的 ② 使人开心的，使人看起来高兴的，养眼的

вести〔未，定向〕引领，引导

вести (в танце) кого 带着某人跳舞，带舞

взаимопонимание〔中〕互相理解

взбунтоваться〔完〕（不用第一、二人称）（起来）暴动，造反，起义

вздрогнуть (здесь: выпить)〔完〕（за кого-что或无补语）〈口〉为……干杯，喝酒

взять город (завоевать город) 占领城市

видимо〔副〕看来，可见，想必

виднеться〔未〕现出，显出，看得见

видно〔副〕看见；清楚

виза〔阴〕签证，签署

визит〔阳〕访问

вина 罪过，过失，过错

винить〔未〕кого за что〈口〉责备，怪罪

виноват（形容词短尾，作谓语）有罪的，有过错的

виноватый〔形〕有罪的，有过错的，有过失的

виртуальный〔形〕① 虚的，潜在的，可能的，幼小的 ②〈计算机〉虚拟的

вкупе (с чем)〔副〕〈旧〉共同，一起

вкус〔阳〕品味，味道，欣赏力

вмешаться в опыты академика 破坏院士的实验

внезапный〔形〕突然的，骤然的，突如其来的

внеземной〔形〕地（球）外的，外星的

вниз〔副〕往下，向下

вовремя〔副〕按时，及时，适时，正是时候

возвышающий〔形〕崇高的，巍峨的

воздействие〔中〕影响，感染

воздушный〔形〕空气的，大气的，空中的

возмутительный〔形〕令人气愤的，义愤填膺的

вознаграждать〔未〕奖励，嘉奖

возражать〔未〕, возразить〔完〕кому, против чего, на что 提出不同意见，表示异议，反驳

войско〔中〕（常用复）军队，部队

волна〔阴〕① 波浪，波涛 ② 波段

волноваться〔未〕〈转〉焦急，不安，激动

волшебный〔形〕具有魔力的，神奇的，魔术的

воображать〔未〕, вообразить〔完〕кого-что 想象，设想，假定

вообще〔副〕总之，本来

вооружённый〔形〕武装的

воплощать〔未〕使具体表现，体现，再现

воплощаться〔未〕实现，得到体现

воровать〔未〕что或无补语 偷，偷窃

воскрешать〔未〕使再生，使复活，起死回生

воспитательный〔形〕教育的

восторг〔阳〕非常高兴，极欢喜

восточный〔形〕东方的

впадать в отчаяние (сильно расстраиваться) 陷入绝望状态，很失望

впечатление〔中〕看法，感想

врать (обманывать)〔未〕кого-что 欺骗

вредный (человек)〔形〕不良的（人），坏人

временной〔形〕时间上的，有关时间的

время〔中〕时间

всё-таки〔连〕① 仍然，还是 ②〔语气〕究竟，到底，毕竟

всегда〔副〕永远，经常，总是，从来

вседержитель = бог, правящий всем миром 统治全世界的神灵，主宰，上帝

всеземной〔形〕整个地球上的，尘世的

Вселенная〔阴〕宇宙

вселяться〔未〕во что 迁入，移居到

всея Руси = всей Руси〈古〉全罗斯

вспомнить〔完〕кого-что 或 о ком-чём 回忆起，想起，记起

вставлять(ся)〔未〕插入，嵌入

встать на пути технического прогресса 站在技术进步的道路上，奋起大搞技术进步

встречать〔未〕, встретить〔完〕кого-что 遇见，碰见，遇到，遇上

встречаться〔未〕, встретиться〔完〕с кем-чем 相遇，相逢，碰到

всякий〔限定代词〕任何一个，无论哪一种的，各

СЛОВАРЬ

种各样的

втравить в авантюру (вовлечь в рискованное дело) 教……做冒险的事情

втроём〔副〕三人，三人一起

выбирать〔未〕, выбрать〔完〕*кого-что* ① 选择，选出，挑选出 ② 选举，推选

выбираться〔未〕〈口〉① (费力地) 走出，挤出，离开 ② 找到机会去某处，抽工夫去

выбить〔完〕, выбивать〔未〕*кого-что откуда* 打跑

выбор〔阳〕选择

выгонять〔未〕逐出，赶到外面

выдавать〔未〕*кого-что* 泄露，暴露，招供，出卖

выдерживать〔未〕顶住，挺住，坚持住

выживать〔未〕(受伤、患病等之后) 活下来

выжрал (выпил спиртное)〈口，蔑〉把酒喝干

вызывать〔未〕*кого-что* 叫出来，传唤

выкладывать (рассказывать)〔未〕说出，倾述

выключать〔未〕*что* 关闭，关

выключенный (выключить的被动形动词) 关闭

вылечить〔完〕, вылечивать〔未〕*кого-что* 医好，治好，治愈

вымирание〔中〕灭绝，破灭，扑灭

вынянчить〔完〕, вынянчивать〔未〕*кого* 抚养，护理，看护，陪护

выпасть〔完〕, выпадать〔未〕落下，掉落

выпивать〔未〕喝干，喝掉，干杯 (指喝酒)

выписывать〔未〕① (~ из квартиры) 从住宅登记名单中划去 ② (газету, журнал) 订购，邮购 (报纸，杂志)

выписываться〔未〕登记离开住处

выполнение〔中〕完成，执行

выполнять〔未〕*что* 履行，执行，完成，实现

выпускница〔阴〕女毕业生

вырастать〔未〕, вырасти〔完〕长高，长大

выручать〔未〕, выручить〔完〕*кого* 搭救

выскакивать〔未〕疾驰而出，疾驰出现

высота〔阴〕高，高度: быть на ~é 身处高位，身居要职

вытираться〔未〕擦干净自己，擦身

выходка〔阴〕越轨的举动，狂妄行为

вычурно〔副〕挑剔

вышивать〔未〕, вышить〔完〕*что* 刺绣，把……绣上花

выяснять〔未〕*что* 查明，弄清楚

вьюга〔阴〕暴风雪

Г

гадкий〔未〕讨厌的，可恶的，龌龊的

галка〔阴〕〈动〉慈乌，寒鸦

галчонок〔阳〕〈动〉寒鸦幼仔，小寒鸦

гардероб〔阳〕(某人) 所有的衣服

гармония〔阴〕(быть в ~ и с чем) 和谐，一唱一和，夫唱妇随，与……和谐相处

генерал〔阳〕将军，将官

гениальный〔形〕才华卓越的，天才的

гений〔阳〕天才

главный〔形〕主要的，首要的，最重要的

глажка〔阴〕熨烫

глаз〔阳〕眼睛，目光，眼光，视线

глубинка〔阴〕〈口〉边远地区，远离中心的地方

глубоко〔副〕深深地，深刻地，深入地

глупость〔阴〕蠢话，蠢事

глушить двигатель (останавливать мотор) 关掉引擎，熄 (掉发动机) 火

глыба〔阴〕巨块，大块

глядеть〔未〕*на кого-что* 看，望，观看，回顾

гневаться = злиться〔未〕(*на кого-что* 或无补语)〈旧或讽〉发怒

годиться〔未〕适用，合格，胜任，合身

голубой〔形〕天蓝色的，浅蓝的，蔚蓝的

голубчик〔阳〕〈口〉(常用作呼语) 亲爱的 (对男性或女性的爱称)

гончар〔阳〕陶器工人

гоняться〔未, 不定向〕, гнаться〔未, 定向〕*за кем, чем* 追赶，追求，追逐

горбун〔阳〕偻，佝偻

гордиться〔未〕光荣，风光

горевать〔未〕*о ком-чём, по кому-чему*（感到）悲痛，难过，痛苦

гореть〔未〕有灵感

горшочки〔复〕瓦罐，瓦盆，沙锅，花盆

горький〔形〕苦的

граждане〔复〕公民 (泛指成年男子或对成年男子)

грамотный〔形〕有文化的，识字的

191

грози́ть〔未〕恐吓，威胁

грандио́зно〔副〕（表示赞赏的呼喊）真棒!

грани́ца〔阴〕界线，边界，国界

грехи́〔复〕〈转〉罪过，过错，过失

грим〔阳〕（面部）化妆（常指演员）

грипп〔阳〕流行性感冒

гроза́〔阴〕大雷雨，暴风雨，雷暴

гро́хнуть (рвану́ть, взорва́ть)〔完〕, гро́хать〔未〕〈口〉发出轰隆声

груби́ть〔未〕кому́ 说粗暴无礼的话

грудь〔阴〕胸部，乳房

грузи́ться (погрузи́лись, грузи́мся) -ужу́сь, -узи́шься 或 -узи́шься〔未〕на что 装货

гря́зный〔形〕脏的，污秽的，不干净的，腥臜的

гря́ньте нам что-нибу́дь = сыгра́йте нам каку́ю-нибудь мело́дию 请给我们随便演奏点什么吧

Д

да ты загну́л! (сли́шком си́льно врёшь)〈口〉你扯哪儿去了！

дава́ть ну вы даёте! (я не ожида́л от вас тако́го!)〈口〉让您给您就能给吗！（我可没奢望从您这得到这种东西！）

дава́ть отпо́р (кому́) 不允许，不接受

дави́ть〔未〕на кого́-что 或 кого́-что 压，用力按，施压

давно́〔副〕很早以前，早就，早已，好久

дать кварти́ру кому́ 分给谁住房（苏联时期按资论辈分房子）

двор〔阳〕院子，庭院

дворе́ц, -рца́〔阳〕宫殿，殿堂

дво́рник〔阳〕打扫院子的人

дева́ться〔完，未〕（原形和现在时形式用作未完成体，过去时形式用作完成体）（和 куда́, не́куда 连用）〈口〉消失，不见，躲避

де́вка (же́нщина лёгкого поведе́ния) 风骚的女人

де́вки (де́вушки)〔复〕〈旧或俗〉少女

де́душка〔阳〕祖父，外祖父；爷爷，姥爷

де́лать с разреше́ния соотве́тствующих о́рганов 按照相应机关的决定做事

дели́ть〔未〕кого́-что 分，分割，分类，分享

де́ло почи́ще = де́ло поинтере́снее〈口〉事情变得更有趣了

де́ло шьют = обвиня́ют в преступле́нии〈口〉指责犯罪

де́мон〔阳〕魔鬼，恶魔

департа́мент〔阳〕司，厅，部

дере́вня〔阴〕村，村庄，乡下

диджей〔阳〕电台主持人

дизайне́р〔阳〕设计师

дика́рь〔阳〕野人，野蛮人，粗野的人

ди́кий〔形〕野的，野生的，荒野的

дико́винка 或 дико́вина〔阴〕〈口〉奇怪的东西，奇怪的现象

диктова́ть〔未〕, продиктова́ть〔完〕что 念，口授（使听者笔录等）

дистанцио́нный〔形〕远距离的，定时的：пульт ~ого управле́ния 遥控器

доба́вочный〔形〕补加的，补充的，额外的

добива́ться〔未〕, доби́ться〔完〕чего́ 寻求（某事），追求，达到，得到

доби́ться своего́ 达到目的

добра́ться〔完〕〈口〉艰难缓慢地走到，勉强地走到，到达

добре́ть〔未〕, подобре́ть〔完〕变得和善，变得善良

доброво́льный〔形〕自愿的，志愿的

дове́рие〔中〕相信

догоня́ть〔未〕кого́-что 追赶，赶上

доду́маться〔完〕до чего́ 想到，想出，考虑到

доказа́тельство〔中〕证据，证明，论据

доказа́ть〔完〕что кому́ 向谁证明某事，证实

долг〔阳〕债务，欠账

долото́〔中〕木工的凿子

домога́ться〔未〕кого́〈口，粗〉喜欢

домрабо́тница〔阴〕女钟点工

допусти́ть〔完〕①（что 或接动词原形）容许 ② что 认为可能，设想 ③（用作插）допу́стим 假定，假如说

дораба́тывать〔未〕что 将某项工作做完，干完

доро́га〔阴〕路，道路，交通运输通道，通路

доро́жный〔形〕道路的

доскона́льный (подро́бный, тща́тельный, основа́тельный)〔形〕彻底的，详细的

досто́йный〔形〕值得的，名副其实的

драгоце́нный〔形〕（常用作呼语）亲爱的

дразни́ть〔未〕*кого́-что* 逗弄，招惹，戏弄

дра́ка〔阴〕打架，斗殴

древнееги́петский〔形〕古埃及的

Дре́вний Еги́пет 古埃及

дресс-код 着装标准

дублёнка〔阴〕〈俗〉熟皮短皮袄，熟皮大衣

дурачо́к〔阳〕〈口〉（*常指小孩，作呼语*）小傻瓜，傻子

душа́〔阴〕心，心灵，内心世界

душе́вный〔形〕发自内心的，灵魂深处的

ды́рка〔阴〕小窟窿，小孔，小洞

дю́бель〔阳〕销子，类似于钉子

Е

еди́нственный〔形〕唯一的，独一无二的

е́жели что худо́е прове́даю = е́сли что-то плохо́е узна́ю〈口〉如果我知道什么不好的事情

е́ле〔副〕刚刚，稍微，慢吞吞

ерунда́〔阴〕〈口〉① 胡诌，瞎扯 ② 区区小事，不值一提的（小）事

ещё〔副〕（除……以外）还，再，又

Ж

жа́воронок〔阳〕云雀，百灵鸟

жа́лко〔副〕抱歉，可惜，惋惜

жа́лоба〔阴〕申诉（书），控告（书）：пода́ть ~ 递交申诉书

жа́рить〔未〕*кого́-что* 烤

жать〔未〕按

ждать〔未〕*кого́-что* 等待，等候，等

жена́〔阴〕妻子，媳妇，老婆

жени́ться〔完，未〕（男子）结婚，娶妻

жени́х〔阳〕未婚夫

же́ртва〔阴〕祭品，〈雅〉牺牲

жесто́кий〔形〕残忍的，无情的，无人性的

живо́т〔阳〕① 肚子 ② 〈旧〉生命

жите́йский〔形〕日常的，平常的

житиé = жизнь〔中〕〈古〉生活

жму́рки〔复〕捉迷藏

жратва́ (= еда́)〔阴〕〈俗〉吃食，吃喝的东西

жу́лик〔阳〕骗取、抢劫少量财物的人，小偷

З

забира́ть〔未〕*что* 抓，拿，取

заблужда́ться〔未〕想错，看错，误解

забра́ть〔完〕带去，带到

забы́ть〔完〕忘记，忘却，没想到，忘了

зава́л (мно́го дел)〔阳〕〈口〉一大堆事儿

завали́т (убьёт)〔完〕〈口〉打倒，打死

заверше́ние〔中〕完成，实现

завести́〔完〕带到，领到

заве́шанный (заве́шивать)〔形〕挂着的，悬垂的

зага́дочный〔形〕需要猜度的，费解的，神秘的

задави́ть〔完〕*кого́-что* 〈俗〉勒死，绞死

заде́ржанный (задержа́ть的被动形动词) 被拖延，延迟，延缓，推迟

задержа́ть〔完〕, заде́рживаться〔未〕*кого́*〈专〉拘捕，逮捕，拘留，扣留

задержа́ться〔完〕滞留，逗留，停留，耽搁

задуши́ть〔完〕扼杀，掐死

заеда́ть (о́чень си́льно надоеда́ть)〔未〕非常讨厌

заживля́ть〔未〕*что* 使愈合，使长好

заигра́ться〔完〕玩得入迷，玩得忘了时间

зака́з〔阳〕订购，订单

зака́зывать〔未〕订购，订

закати́ться (за трон)〔完〕滚到椅子后面去了

зака́тываться〔未〕① 开始滚动，开始翻来翻去 ② со́лнце ~ 指太阳下山

заклина́ние〔中〕咒语

закрича́ть〔完〕① 喊叫起来，叫嚷起来，发出喊叫声 ② 扯着嗓子说起来

закрыва́ть〔未〕盖，关，关上

закры́тый〔形〕关闭的，关上，封闭

заку́ривать〔未〕抽起烟来，用烟熏

заку́сывать〔未〕〔完〕吃一点，吃点东西

залеза́ть〔未〕, зале́зть〔完〕*во что*〈口〉藏进，躲进，溜进，潜入，钻进

заме́тка〔阴〕简讯

замеча́тельный〔形〕特别好的，优秀的，出色的，出众的

замеча́ть〔未〕(*кого́-что 或接连接词 что, как*) 注意到，察觉出

замо́рский〔形〕①〈旧〉外国的，海外的 ② 对外的（指贸易）

замуровать〔完〕, замуровывать〔未〕кого-что 把……砌在……里, 禁锢, 囚禁（在砌死的处所）

замучить〔完〕, замучивать〔未〕кого 折磨得难受；使累到极点

замшевая импортная куртка 进口绒面夹克

замыкать〔未〕что ①〈俗〉锁住, 锁上 ②（把两端）连接, 闭合, 接通

замышлять〔未〕预谋, 企图, 图谋

занимать (пост)〔未〕担任（职位、岗位）

заниматься государственным делом 从事国家事务, 治国

занять (деньги)〔完〕借钱

заняться〔完〕чем 开始（着手）做, 从事, 干

запасник〔阳〕储藏室

запасы〔复〕储备, 储备品,〈口〉储备的食品

запрещать〔未〕禁止, 严禁

запропаститься (пропасть неизвестно куда, исчезнуть)〔完〕〈口〉不见, 没有下落

запятая〔阴〕逗号, 逗点

запятнать〔完〕, пятнать〔未〕что 破坏, 污染

заработок〔阳〕工资, 薪水

зарезать〔完〕кого 杀, 宰

застегнуть〔完〕, застёгивать, -аю, -аешь〔未〕что 把（衣服、鞋等）扣上, 扣紧

заступиться〔完〕за кого-что 袒护, 庇护

засыпаться〔完〕(потерпеть крупную неудачу)〈口〉遭受重大挫折, 不幸, 非常倒霉

затея〔阴〕想法

захватывать〔未〕кого-что 抓住, 夺取, 占领

зачем〔副〕为了什么目的, 为什么, 何必

защита〔阴〕保护, 防御

заявить〔完〕что о чём 或接连接词 что 声明, 声言, 宣告, 提出, 向（当局）报告

заявление〔中〕申请书

звание〔中〕头衔, 称号, 职称

звать〔未〕招呼, 召唤, 叫（来）

звездопад〈天〉陨星雨

зверь〔阳〕野兽, 动物

зверюшка〔阳及阴〕〈口〉小野兽, 野兽幼仔

здешний〔形〕① 这里的, 当地的；②（用作名）本地人

здорово〔副〕非常, 厉害, 了不起

здрав будь = будь здоров （祝酒词）祝你健康

землетрясение〔中〕地震

зефир〔阳〕小食品（白色糖果）

зловещий〔形〕预示不幸或灾难的, 使人感到惊恐不安的

злой как чёрт (очень злой) 凶神恶煞般

знак〔阳〕标记, 记号

знаменательный (день) 不寻常的

зов〔阳〕呼唤声, 呼唤, 号召

зомбировать〔未, 完〕кого ① 使盲从 ② 通过心理作用控制……的行为

зря〔副〕〈口〉徒然, 枉然, 无缘无故

И

игнорировать〔完, 未〕кого-что 忽略, 漠视

играть в прятки с кем 捉迷藏（也用作转,〈口, 不赞〉）

иероглиф〔阳〕象形字, 汉字

иже херувимы = и ангелы 和天使们

из горла (из бутылки)〈口〉(喝酒时) 对瓶吹

избавлять〔未〕拯救, 使避免, 使摆脱, 使解脱

избаловать〔完〕过分宠爱, 溺爱, 宠坏, 惯坏

извращенец〔阳〕令人厌恶的人

издеваться〔未〕над кем-чем 挖苦, 讥讽, 侮辱

изменять кому〔未〕背叛（某人）

измерять〔未〕量, 测量

изображать〔未〕反映, 反射

изобретатель〔阳〕发明人, 发明家

икра〔阴〕① 鱼子酱 ②（……蔬菜做的）酱

иллюминатор〔阳〕（轮船、飞机）舷窗

именно〔语气〕就是, 正是

иметь право 有权利

импозантный〔形〕〈书〉给人以深刻印象的；魁伟的

импортный〔形〕输入的, 进口的

импульс〔阳〕〈理〉脉冲, 冲量

имущество〔中〕财产

инвентаризация〔阴〕登记, 盘点, 清理器材

индивидуальный〔形〕个人的

индиго〔中, 不变〕靛蓝

инопланетный〔形〕另一星球的, 外星（上）的

инстанция〔阴〕(机关、组织等的）级；(法院的）审级

инстинкт〔阳〕①〈生物〉本能；② 下意识，本能；③〈转〉敏感

инструмент〔阳〕工具

интересное кино〈口，转〉（惊奇地）这事真有意思啊，真是意想不到啊

интересоваться〔未〕чем 对……有兴趣

интурист〔阳〕旅游者

иронизировать〔未〕над кем-чем 讽刺，讥讽

искать〔未〕找，寻找，寻查

исключение〔中〕例外

искренний〔形〕诚意的，心诚的

искренность〔阴〕真诚

искусство〔中〕艺术

искушение〔中〕引诱，诱惑

использовать в мирных целях 用于和平目的

испортить что〔完〕破坏，毁坏，弄坏

испытательный срок 实习期，见习期，考验期

испытать в действии 在行动中的体验，运行实验

истеричка〔阴〕患歇斯底里病的人，癔病患者

истина〔阴〕真理，真情

исцелить〔完〕кого〈书〉治好，使痊愈

К

кадмий〔阳〕〈化〉镉

казаться〔未〕кому-чему кем-чем 或 каким 某人觉得……好像是

казённый〔形〕〈旧〉公家的，公费的

казнить〔未〕（也用作完）кого 处决，处死刑：Не вели ~!〈固定用法〉（在面见沙皇时说）先别忙要处死我，请先听我说！

как мне быть (что мне делать) 我应该怎么办

календарь〔阳〕日历

калькулятор〔阳〕计算器，精于计算的人

каменный〔形〕石的，石头的，石造的

камешки〔复〕камень 的指小形式：小石头

кампания〔阴〕一伙人，一起

капать〔未〕滴落，点滴

капелька〔阴〕ни ~и 根本不

капитан〔阳〕①（陆、空军）大尉 ② 舰长

капсула〔阴〕① 胶囊，囊，包囊 ②〈微〉荚膜 ③〈药〉囊剂

карабкаться〔未〕（向上）爬，攀登

караул! = помогите!〈口〉救命！来救人啊！

карниз〔阳〕（房）檐

карьера〔阴〕生涯

касаться〔未，完〕кого-чего 或〈旧〉до кого-чего 触及，接触

кастинг (подбор кандидатур на вакантные рабочие места) 选择空缺职位的人选

катать〔未〕带……兜风，游玩

катиться〔完〕滚，滚动，开车兜风

квартира〔阴〕一套房间，（独户）住房，（租的）住所

кверху〔副〕向上，往上

кидаться〔未〕①（向某处）奔去，奔向，跑过去 ② на кого-что 扑向，向……扑去

кикимора〔阳，阴〕〈转，俗，谑〉样子怪诞可笑的人

килька (вид рыбы, которую часто консервируют)〔阴〕黍鲱；鲱

кинжал〔阳〕匕首，短剑

киноплёнка〔阴〕电影

кислород〔阳〕氧气

клад〔阳〕埋藏的宝物，藏匿的钱财

классификация〔阴〕чего 分类

клиент〔阳〕客户

климат〔阳〕（只用单）气候，水土

кличка〔阴〕绰号，外号，（地下工作的）代号

ключница〔阴〕管家

клясться〔未〕, поклясться〔完〕в чём, чем 接动词原形或接连接词 что: 宣誓，发誓，赌咒，保证

кнопка〔阴〕电钮，按钮

князь〔阳〕〈史〉（封建时代的）大公，公爵

кокетничать〔未〕调情，献媚

колбаса〔阴〕灌肠，香肠，腊肠

колготки〔复〕连裤袜

колесница〔阴〕〈古〉双轮大马车

колесо〔中〕车轮

коллектив〔阳〕集体

коль = если〔连〕〈旧或俗〉假如，如果

командовать〔未〕命令，指挥，下指令

командующий (用作名)〔阳〕总指挥，司令

коммерческий〔形〕商业的，贸易的

комплекс〔阳〕综合，综合体，总体，套

конвой〔阳〕护送队，押送队

конец〔阳〕（物体、场所、空间）末端，尾端，

尽头，终点

конец квартала 季度末

конечно〔插入语〕当然，自然，无疑

конкретно〔副〕具体地

конкурс〔阳〕比赛，竞赛，选拔赛，比赛会

конспекты〔复〕摘要，提纲

контакт〔阳〕联系，接触

контактный〔形〕接触的，〈转〉联络的，联系的

контракт〔阳〕〈书〉契约，合同

конфета〔阴〕糖果，巧克力糖

концепция〔阴〕概念

кончайте болтать (прекратите разговаривать) 请停止交谈

коньки〔复〕冰刀，冰鞋

копать〔未〕*что* ① 掘松，掘，挖 ② 深入研究

корабль〔阳〕① 宇宙飞船，卫星式飞船 ② 海船（最初指帆船，现在多指战船）

кормилец〔阳〕〈公文〉供养人，养育人

кормить〔未〕喂养，饲养（动物），给食物吃

королева〔阴〕女王

корпоративный〔形〕垄断的

корпорация〔阴〕企业，垄断公司

корпус (корпус дома)（高大建筑群中一栋）楼，高大建筑物的一部分

косметологический〔形〕美容的

космический〔形〕宇宙的，航天的

космос〔阳〕宇宙

косолапый〔形〕① 内翻足的，脚趾内向的，畸形足的 ②〈转，口〉笨拙的 ③〔阳〕熊（谑称）

костёр〔阳〕篝火，火堆

кость〔阴〕骨，骨头

кот〔阳〕公猫

котёл〔阳〕大锅

котёнок〔阳〕猫崽儿，小猫

котлета〔阴〕肉饼，饭饼，菜饼

который〔代〕①〔疑问〕第几，哪一个 ②〔关系〕这个，那个，这些，那些……

кошачий〔形〕① 猫的 ②〈口〉猫皮制的

кошки-мышки〔复〕猫捉老鼠（一种儿童游戏）

кошмар〔阳〕令人厌恶的事物，非常可怕的事情，糟透了的事物

краденый〔形〕偷来的

кража〔阴〕盗窃，偷窃

красивый〔形〕好看的，美的，美丽的，漂亮的

красться〔未〕悄悄走过，溜进

крест животворящий 真十字架，基督教圣物之一，据说是钉死耶稣基督的十字架

кричалка〔阴〕〈口〉大声吵嚷，大叫大骂

кричать〔未〕叫喊，呼喊，大声呼叫

кровь〔阴〕血液，血

крокодил〔阳〕〈动〉鳄鱼

крошка〔阳及阴〕〈口〉小不点儿

круглый〔形〕圆的，环形的，胖胖的（指体形）

кругом (голова идёт) 晕头转向，发蒙

кружится (голова) 晕头，头晕

крутить〔未〕①〈俗〉*кого-что* 拧，使转动：~ машину（摇动摇把）发动汽车 ② 转过脸去 ③（让时光等）倒流

крутиться〔未〕〈转，口〉忙乱，忙忙碌碌

круто（用作谓）①〈口，青年用语〉（用于称赞、夸奖别人）好样的，真行，酷，棒，独特 ②〈口〉非常快，急速地

Крым〔阳〕克里木

крыша〔阴〕房顶，屋顶，顶

кто-нибудь〔代〕任何人，无论谁

кубок = бокал, стакан〔阳〕酒杯（常指古式金属制的筒形杯）

кувыркаться〔未〕翻跟头，翻个儿，（在影片中）鞠躬（影片增加喜剧效果的手段）

кудесник = волшебник〔阳〕巫师，行妖术者

кулёк〔阳〕〈口〉小纸袋

куртка〔阴〕男短外衣，男上衣

кусаться〔未〕咬人，叮人

кухня〔阴〕厨房，伙房

кушать〔未〕*что*（通常表示有礼貌地请对方）吃，吃饭

Л

ладить〔未〕*с кем*〈口〉与……和睦相处，亲昵

ладно〔副〕〈口〉好吧

лапа〔阴〕（兽，禽的）爪（子），脚掌

лаять〔未〕（狗，狐狸等）叫

лгать〔未〕说谎

лебедь〔阳〕天鹅

лево〔副〕在左边，靠左边

лежать〔未〕躺，卧

лейтенант〔阳〕中尉

лекарство〔中〕药，药品，药剂

лекарь〔阳〕〈旧〉医生，大夫

лепа = прекрасна〈旧〉〔形短尾，阴〕非常美丽的，非常好看的

лепота = красота〈旧，方〉华美，华丽

лестница〔阴〕梯子，楼梯

лечить〔未〕кого-что 医治，治疗

ликвидироваться〔完，未〕停办，撤销

лимон〔阳〕柠檬

лингвотаблетка (лингвистическая таблетка) 使人能说话的、能理解的药

линять〔未〕（鸟、兽等）脱毛，脱羽，脱壳

лирический〔形〕多愁善感的

лифт〔阳〕电梯

личное дело 私人的事情，个人业务

лишний〔形〕多余的，额外的

ловить〔未〕кого-что 捕，捉（禽、兽、鱼等），搜捕，捉拿，抓住，接住（运动的物体）

ломануться (побежать)〈口〉跑起来，开始溃逃

ломить (болеть)〔未，无人称〕что 及 в чём（身体某个部分感到）酸痛，隐痛

лопнуть〔完〕胀破，绷裂，绷断，裂开

лотерея〔тэ〕〔阴〕抽彩

лохматый〔形〕毛长而密的，毛茸茸的

лукавый〔形〕狡猾的，诡诈的

лыка не вязать = быть очень пьяным〈俗〉醉得话都说不清楚了，醉得舌头都不听使唤了

львёнок (маленький лев), 复-вята〔阳〕〈动〉幼狮，小狮子

льдина〔阴〕大块冰

любострастный прыщ, любострастный〈旧〉性欲的，淫欲的，性欲冲动的；прыщ, -а〔阳〕小脓疱，粉刺；（本影片中）любострастный прыщ 色狼，色鬼（影片增加喜剧效果的手段）

люстра〔阴〕枝形吊灯，枝形挂灯

M

мавр〔阳〕摩尔人

магический〔形〕妖术的，魔法的

магнитофон〔阳〕磁带录音机

мазня (неумелое неряшливое рисование) 涂抹，涂鸦

майор〔阳〕少校

макароны〔复〕通心粉

макушка〔阴〕口头禅，无实际意义

малец〔阳〕〈俗〉年轻人，小伙子，孩子

малина〔阴〕① 〈植〉悬钩子 ②〔集〕悬钩子果，马林果

малыш〔阳〕〈口〉小孩子（多指男孩）

мамонт〔阳〕〈古生物〉猛犸，毛象

мамонтёнок〔阳〕小猛犸，小毛象

мансарда〔阴〕阁楼

маньяк〔阳〕躁狂者

маска〔阴〕面具

масса〔阴〕（物质的）量，物质，〈理〉质量

мгновение〔中〕чего 或 какое 时刻，片刻

медальон〔阳〕（嵌有肖像的圆形、椭圆形）颈饰

медвежонок〔阳〕熊崽儿，小熊，小狗熊

международный〔形〕国际的

мелочь〔阴〕小东西

менеджер〔阳〕经理（俄罗斯指一般工作人员）

мент (милиционер)〔阳〕〈俗，骂〉交通民警

менять〔未〕кого-что 用……换，交换

мерзавец〔阳〕〈口〉坏蛋，恶棍

мёртвый〔形〕死的（与活的相对），凋谢的

мести〔未〕что 扫（除），打扫

местный〔形用作名〕本地人

место для съёмки (фильма) 电影拍摄基地

место〔中〕① 地方 ② 座位，位子

металлический〔形〕金属（制）的，金属制品的

метр〔阳〕米（公制长度单位）

мечта〔阴〕幻想，梦想

мешать〔未〕кому-чему 或 кому-чему 接动词原形 打搅，妨碍，影响，碍事

мешок〔阳〕袋子，口袋，一口袋

милиция〔阴〕民警局，派出所

миллион〔阳〕〈口〉百万，（常用复数）千百万，成千上万

милость〔阴〕По ~ кого, чьей〈讽〉由于……的过错，都怪

милочка 亲爱的，小宝贝儿

миндальный〔形〕杏仁状的，扁桃体的

минимум〔阳〕最低限度，最少

министерство〔中〕国家部委

миновать〔完，未〕кого-что 穿过，通过，擦过

млекопитающее〔中〕哺乳动物

многогре́шный = у кото́рого мно́го грехо́в 有很多罪过的

моби́льный〔形〕机动的

мо́жно〔用作无人称谓语〕（接不定式）可以，许可，允许（做某事）

мо́лвить = говори́ть〔完，未〕что 或无补语〈旧〉说，说道，说出

молодёжь〔阴，集〕青年

молото́к〔阳〕锤，榔头，镐

моме́нт〔阳〕刹那，瞬间，一会儿，时刻，关头

мо́рда〔阴〕（兽的）嘴脸，颜面，口鼻

мо́ре, 复-я́〔中〕海

морж, -á〔阳〕〈动〉海象

мотива́ция (психологи́ческие сти́мулы, кото́рые придаю́т де́йствиям люде́й це́ли и направле́ния) 动机（对人的行为给予目的和方向的心理刺激）

мото́р〔阳〕发动机，摩托，马达

моцио́н〔阳〕〈书〉散步

мужи́к〔阳〕男人，男子汉，〈口〉爷们

му́за〔阴〕〈转，书〉艺术家的灵感

музе́й〔阳〕博物馆，陈列馆

му́мия〔阴〕木乃伊，干尸

мурлы́кать〔未〕（猫等）发出呼噜声，〈转，口〉哼哼（歌曲）

му́сор〔阳〕垃圾，废物

мы́ло〔中〕肥皂

мысль〔阴〕思想，想法，主意，认识，看法

мы́шка〔阴〕老鼠

Н

на баб потяну́ло (захоте́лось встре́титься с же́нщинами)〈口〉（生理上）很需要女人

на бли́зком расстоя́нии 在近距离内

на обра́тном пути́ 在往回走的路上

наве́рное〔副〕一定，确实，无疑地，肯定，当然

наве́чно〔副〕永远，永久

надева́ть〔未〕что 穿上，戴上，套上

надёжа = наде́жда〔阴〕希望，期望

надёжный〔形〕可靠的，有指望的，有希望的

наде́яться〔未〕(на что, 接动词原形或连接词что) 希望，期待，盼望，指望

на́до〔副〕（用作谓）（接动词原形）要，需要，应该，应当

надрыва́ться〔未〕, надорва́ться〔完〕(只用未)〈口语〉拚命（干），很努力

наду́ть〔完〕кого〈口〉欺骗，哄骗

наеда́ться〔未〕, нае́сться〔完〕吃饱

нажи́ть〔完〕, нажива́ть〔未〕что 积攒，积蓄（钱、物等），赚得，挣得

называ́ться〔未〕名字是，叫做，叫，称做

накра́ситься〔完〕, накра́шиваться〔未〕〈口〉（给自己）化妆

нали́чные〔形〕〔复，用作名词〕现钱，现金

нам коне́ц (нам бу́дет о́чень пло́хо) 我们要完了，要倒霉了

наме́дни = неда́вно〔副〕〈俗〉不久前，前几天

намёк〔阳〕暗示

намо́рдник〔阳〕(犬或其它牲畜戴的) 笼嘴，嘴套，兜嘴

наморщи́ ум (хорошо́ поду́май), намо́рщить–намо́рщивать 蹙额，皱眉，（本影片中）请你好好想想（影片增加喜剧效果的手段）

нано́сный〔形〕① 刮来的，冲积的，淤积的 ② 〈转，口〉非固有的，非本来的，熏染的

напеча́тать〔完〕印刷，印，发表，打字

наплева́ть кому́ на что 吐，唾弃

напои́ть〔完〕给……水喝

наполне́ние〔中〕填充，填满

напо́р〔阳〕压力

наприме́р〔插入语〕例如，比方（说），譬如说

напряже́ние〔中〕① 努力，紧张 ② 电压

напуга́ть кого́〔完〕吓了一跳，把……吓住了

напя́лить = наде́ть〔完〕что на кого́-что〈俗〉勉强穿戴上（不合身、不美观的衣服、鞋等）

наре́зался〔完〕〈俗〉喝醉

наре́зать〔完〕切下，切割下

нарко́тик〔阳〕麻醉剂

наруша́ть〔未〕что 破坏，干扰

наря́д〔阳〕衣服，盛装

наряжа́ть (ёлку)〔未〕装扮（新年枞树）

наследи́ть〔完〕留下痕迹

наста́ивать〔未〕坚持

насто́йчивый〔形〕坚持不懈的，不屈不挠的

настуча́ть (рассказа́ть, доложи́ть)〔完〕〈口〉讲述，讲解，报告

на́тиск〔阳〕进攻

СЛОВАРЬ

натура́льно〔副〕自然地，非做作地
натура́льный〔形〕自然的，本性的
натюрмо́рт〔阳〕静物写生，静物画
наха́л〔阳〕〈口〉无耻之徒，蛮不讲理的人
наха́льство〔中〕〈口〉厚颜无耻，无赖行为
находи́ть〔未〕寻找，找到
нахо́дка〔阴〕拾到的东西
нача́ло〔中〕起点，开始，开端
нача́льство〔中〕权威，领导
начина́ть〔未〕开始
наш челове́к (тако́й, как мы)〈口〉和我们一样的人，自己人
не напасти́сь чего́-либо (не хва́тит чего́-либо)〈口〉……没储备够，没储藏足
не ну́жно сцен〈口〉不该闹事
не помина́йте ли́хом (кого́)〈口〉请勿念……的旧恶
не сла́ва бо́гу (не так, как на́до) 不是该有的样子，真不该呀！
не учи́ учёного (я и так зна́ю) 不要班门弄斧
нева́жно〔副〕不重要地，不要紧地
невоспи́танный〔形〕没有教养的，粗鲁无礼的
негодя́й〔阳〕坏蛋，恶棍
недоде́лка〔阴〕未完成的事
незва́ный〔形〕不请自来的，不速之客
неизве́стность〔阴〕毫无音讯，毫无所知
неизве́стный〔形〕无人知道的，无名的
не́куда〔副〕（用作谓）（接动词原形）无处（可），没有地方（可）
неле́пый〔形〕荒谬的
неме́дленно〔副〕立即，毫不迟延地
неме́дленный〔形〕刻不容缓的，毫不延迟的
немно́жко〔副〕〈口〉一点点，不多，少许
немудрено́ = несло́жно〔副〕（无，用作谓）容易，不难，毫不奇怪
ненадёванный〔形〕未穿过的
неожи́данность〔阴〕意外的惊喜，意料之外
неордина́рный〔形〕非凡的
непо́лный〔形〕不完整的，不圆满的
непоси́льный〔形〕力所不及的，力不胜任的
непреме́нно〔副〕一定，必定地，必然地
неприя́тность〔阴〕不痛快的事，不愉快的事
не́рвничать〔未〕发急，发脾气
нерв〔阳〕（只用复）〈口〉神经质，神经过敏

неряшли́вость〔阴〕潦草
неслы́ханный〔形〕前所未闻的，空前的
неудо́бно〔副〕（作无人称谓语）不方便，不舒服
неумёха, неуме́ха〔阳，阴〕〈口〉啥也不会干的人，干啥啥不行
неформа́льно〔副〕非正式地
нечи́стая (нечи́стая си́ла) 邪恶的力量
нигде́〔副〕任何地方也（没有，不）
никогда́〔副〕任何时候也（不）；永远（不）
никто́〔否定代词〕谁也（不），任何人也（不），没有一个人，〔用作名词，阳〕〈口〉无足轻重的人，啥都不是的人
Нил〔阳〕尼罗河（非洲东北部河流）
ничего́ не сде́лалось 什么也没做成，一事无成
но́вый〔形〕新的，新置的，没有使用过的
нормати́в〔阳〕定额；标准：уложи́ться в ~ — успе́ть во́время 及时取得成功
носоро́г〔阳〕〈动〉犀，犀牛；〔复〕犀科
нра́виться〔未〕(使某人感到) 喜欢，中意
ныря́ть〔未〕潜入（水中）
нюа́нс〔阳〕细微差别，微妙之处

О

обалде́ть〔完〕〈俗〉① 使（服用毒药后）神志恍惚 ② 使喝醉 ③ 使极度快活，非常惊讶
обворова́ть〔完，未〕кого́-что〈口〉偷，盗窃
обе́дать〔未〕吃午饭；〈口〉午休
обедне́ть〔完〕变穷，穷起来
обезья́нка〔阴〕〈动〉猴子
обесто́чиваться〔未〕断电，无电流，停止供电
обесто́чить〔完〕, обесто́чивать〔未〕〈电〉使断电，使无电流
обзавести́сь чем〔完〕〈口〉（给自己）置备，弄到，购置（生产、生活用具），结交（朋友），组成（家庭），获得（知识）
оби́деться〔完〕, обижа́ться〔未〕委屈，被欺负，被欺辱
обколо́ть〔完〕, обка́лывать〔未〕кого́-что〈口〉刺伤，扎伤（多处）
облысе́ть〔完〕, лысе́ть〔未〕变秃，谢顶
обма́нывать〔未〕, обману́ть〔完〕кого́-что 骗，欺骗，诓骗
обнажи́ть〔完〕, обнажа́ть〔未〕что 揭示，剥开

199

обнару́живать〔未〕① кого́-что́ 找到 ② (что́ 或 接连接词 что́) 发现，发觉，查出
обо́и〔复〕印花壁纸，壁纸
обокра́сть〔完〕, обкра́дывать〔未〕кого́-что́ 偷，盗
обрабо́тать = обворова́ть〈口〉偷，盗窃
обраща́ться с кем-либо 对待，看待
обрета́ть〔未〕, обрести́〔完〕кого́-что́〈雅〉找到，寻到，获得
обречённый 被注定的；注定要失败的
обсужда́ть〔未〕讨论，商议，商量
обуча́ющий〔形〕学习用的
обходи́ться〔未〕能对付过去
обхохота́ться〔完〕над кем-чем 或无补语〈口〉（嘲笑、讥笑……时）笑累，笑得喘不过气来
общечелове́ческий〔形〕全人类共同的
обыва́тельские разгово́рчики〔复〕〈口〉庸俗的闲话，空话，无聊的话
обыска́ть〔完〕, обы́скивать〔未〕кого́-что́ 搜，搜查
обя́занность〔阴〕义务，（只用复）职责，职务
обяза́тельно〔副〕一定，必定，务必，必须
обя́зывать〔未〕, обяза́ть〔完〕约束，使有责任
огля́дываться〔未〕四面张望，环顾
ого́нь! (стреля́й!) 开火！射击！开炮！
огоро́д〔阳〕(宅旁) 菜园，菜地
огорча́ться〔完〕感到伤心，感觉不痛快
одна́жды〔副〕一次，一回，有一次，有一天
одновре́менно〔副〕同时
однокла́ссник〔阳〕（中、小学）同班同学
однофами́лец〔阳〕чей 或 с кем 同姓者
одолжи́ть〔完〕, ода́лживать〔未〕что́ кому́ 借用，借债
оду́маться〔完〕, оду́мываться〔未〕（意识到错误后）改变主意，回心转意
ожива́ть〔未〕复活，重新具有活动能力
оживи́тель〔阴〕复活器
оказа́ться〔完〕（构成静词性谓语）каки́м, кем-чем ①（实际上）是，原来是 ②（突然）落在，来到……
окосе́ть〔完〕〈俗〉喝醉
олимпи́йский〔形〕奥林匹斯山的，奥林匹克的
опа́здывать〔未〕迟到，未赶上

опи́сывать〔未〕描述
о́пыт (нау́чный)〔阳〕（科学）实验
ора́ть〔未〕〈口〉大声喊叫，大声叱责
о́рган〔阳〕身体的器官，机关
организа́ция〔阴〕组织
о́рден〔阳〕徽章
оригина́льный〔形〕奇特的，标新立异的
ориента́ция〔阴〕定向，定位
орлы́ (молодцы́)〔复〕〈转〉勇士，英雄，豪杰
ору́жие〔中〕武器，兵器，军械
оса́нка〔阴〕姿势
Оси́рис (бог возрожде́ния, царь загро́бного ми́ра в древнееги́петской мифоло́гии) 奥西里斯神（埃及神话中的冥王，九柱神之一，古埃及最重要的神祇之一。它最初是大地和植物神。后来成为阴间的最高统治者，永恒生命的象征）
оскорби́ть〔完〕, оскорбля́ть〔未〕кого́-что́ 侮辱，凌辱，污辱，伤害（自尊心）
оскорбля́ть из ре́вности (оскорбля́ть по причи́не ре́вности) 出于妒忌而伤害，侮辱
осме́литься〔完〕, осме́ливаться〔未〕(на что́ 或接动词原形) 胆敢，敢于
осо́бенность〔阴〕特征，特性
осо́бенный〔形〕特别的，与众不同的
особи́ст (сотру́дник осо́бого отде́ла контрразве́дки)〔阳〕〈口〉特别处人员（反间谍机关人员）
осо́бый〔形〕单独的，独特的，有专门用途的
осозна́ть〔完〕что́ 认清，清楚地意识到
остава́ться〔未〕留下，剩下的
оста́вить〔完〕① кого́-что́ 留，保留，留存 ② что́〈转〉给，留给（支配、使用）③ кого́ 抛弃
останови́ться〔完〕停下，站住，停住
оста́ться〔完〕留下，留在（某处）
осторо́жно〔副〕小心谨慎地，慎重地
остроу́мно〔副〕机智地，巧妙地，俏皮地
остроу́мный〔形〕机智的
от лица́ обще́ственности 出自社会人士
отва́ливаться〔未〕掉落，脱落，掉下
отве́дать = попро́бовать〔完〕что́ 或 чего́〈旧〕尝尝……的味道
отвести́〔完〕, отводи́ть〔未〕领到，带领
отве́тить по зако́ну 依法行事
отвеча́ть〔未〕回答，答复

отвлекáть〔未〕, отвлéчь〔完〕 *от чего* 转移
отворáчиваться〔未〕, отвернýться〔完〕转过脸
отвратúтельный〔形〕讨厌的，令人厌恶的
отгонять〔未〕, отогнáть〔完〕*кого-что* 把……赶到 (某处)
отдáть〔完〕① 交回，归还，退还，偿还 ② 交给，供给……使用（支配），让给，送给
отдáть концы́ (отойти́ от причáла, отчáлить)（船）离岸，起航
отдéлаться〔完〕, отдéлываться〔未〕〈口〉① *от кого-чего* 摆脱，躲开 ② *чем* 敷衍，搪塞 ③ *чем*（在遇到灾难或本应受到重大损失时）只受到……
отделéние〔中〕（机关、企业的）所，处，科，组，分部，分局，分行，分店
отдéл 部门，部，局，科
открывáть〔未〕打开，开启
откры́тый〔形〕敞开的
откры́ться〔完〕*кому* 表露真情，坦白承认
откýда〔副〕〔疑问〕从哪里，从何处
отменúть〔完〕*что* 废除，取消，撤销
относúтельно〔前〕*кого-чего* 关于
относúтельный〔形〕相对的，一定的，有限的（与абсолю́тный相对）
относúться〔未〕*к кому-чему* 对待，对……持（某种）态度
отобразúть〔完〕显示
отпрáвить〔完〕发送（信函、邮件、电报等），寄，寄去，送走，送，派
отпрáвиться〔完〕出发，前往
óтпуск〔阳〕(в óтпуске 或 в отпускý) 休假，假期
отпускáть〔未〕① *кого* 放……走开，准……离去 ② *кого-что*（从手里）放开，放走 ③ *что* 放松些，松开些：~ ситуáцию 摆脱困境
отравúть〔完〕① *кого-что* 毒杀，毒死，毒害 ② *что* 往……里下毒（药）
отрубúть гóлову 砍头
отсидéть〔完〕*что* 把（身体某部分）坐麻
отставáть〔未〕落后
отстегáть〔完〕*кого* 抽打，鞭打
оттéнок〔阳〕阴影，意味，内涵
отчáяние〔中〕绝望
óфис〔阳〕办公室

официáльный〔形〕正式的
охóта〔阴〕(*к чему* 或接动词原形) 喜欢，爱好
óхра землúстая 土状赭石
охранять〔未〕保护，保卫，守卫
охрúпнуть〔完〕声音嘶哑，哑嗓子
очевúдец〔阳〕目击者，目睹者
очереднóй〔形〕例行的，依次进行的
óчередь〔阴〕排，排行，排队
ошúбочка вы́шла (произошлá ошúбка)〈口〉发生了错误，出错了
ощутúмый〔形〕可感觉到的
ощущéние〔中〕感觉，体验，体感

П

пáки = опять, снóва〔副〕〈旧，文〉又，重新
палáты〔复〕〈旧〉富丽的大厦，宫殿
пáлец〔阳〕手指，脚趾，（手套上的）指头
палúть〔未〕〔完一次〕〈口〉射击，齐射
пáлка〔阴〕（木）棍，棒状物，拐杖
пантéра〔阴〕黑豹
паразúт〔阳〕〈转，蔑〉寄生虫，不劳而食者
паразúт〔阳〕寄生虫
парúк〔阳〕假发
парóль〔阳〕（军事上或秘密工作中使用的）口令，暗语
пáспортный стол〔阳〕护照登记处
патриотúзм〔阳〕爱国主义
пáхнуть〔未，也用作无人称〕（或无补语）发出……气味，有……气味
пень, пня〔阳〕〈转，口，蔑〉木头疙瘩，木头橛子（指愚蠢、无感情的人）：молчáть, как ~ 像木头疙瘩似的不说话
первобы́тный〔形〕原始（时代）的，远古的
перебивáть〔未〕*кого-что* 打断话头，插嘴，扰乱，打扰
перебрáть〈口〉（酒）喝得太多
передавáть〔未〕*что* ① 说 ② 表达，表现，再现
передéлывать〔未〕重做，返工，改做
передýмать〔完〕改变主意
переéхать〔完〕换公寓
пережéчь прóбки (электрúческие) 烧坏（电器）插头
переживáть〔未〕*что* 经历，体验，经受
перекýр〔阳〕〈口〉歇一会儿

201

переодева́ться〔未〕, переоде́ться〔完〕换装, 改头换面

перечисля́ть〔未〕重数, 再数一遍

периости́т〈医〉骨膜炎

пе́рсик〔阳〕桃

персона́ж〔阳〕（文艺作品中的）人物, 角色

пёс (псы)〔阳〕狗, 公狗

пе́сня〔阴〕歌, 歌曲

песо́к〔阳〕沙, 砂, 沙土

пе́тля 或 петля́〔阴〕（指动作形成的）圆圈, 曲线: Вре́менная ~ 时间循环曲线

петь〔未〕（无补语）唱, 歌唱

пе́чка〔阴〕炉子

пижа́ма〔阴〕睡衣, 晨衣, 住院服

пи́мпочка (шту́ка)〔阴〕东西, 玩意儿

пиро́г〔阳〕（烤的）大馅饼

пи́саная краса́вица 画中的美女, 像画中一样的美女

Пи́тер (Са́нкт-Петербу́рг)〔阳〕〈口〉圣彼得堡

пи́терский〔形〕〈口〉彼得堡的; 彼得堡人的

пла́менный〔形〕〈转, 雅〉热烈的, 激昂的

плане́та〔阴〕行星, 〈书〉地球

плен〔阳〕俘虏

плетёт 说谎话

плеть〔阴〕鞭子, 皮鞭, 绳鞭

плечо́〔中〕肩, 肩膀, 披肩: оде́жда с чьего́ ~а́ 大人物、重要人物穿过的衣服（看作一种荣耀）

плоскосто́пие〔中〕扁平足

плыть〔未〕（定向）漂浮, 漂流, （鱼）游泳游动, 游水, 航行, 乘船走

по-ха́мски (как хам)〔副〕缺乏温情地

победи́ть〔完〕, побежда́ть〔未〕（不用单一人称）(кого́-что 或无补语) 战胜, 取得胜利, 获胜

побри́ться〔完〕, бри́ться〔未〕刮胡子

повезло́ кому́ 走运

повезти́〔完〕（用车、船等开始）运送, 送去

пове́сить〔完〕кого́ 绞死

пове́ситься〔完〕上吊, 自缢

пови́нен = вино́вен〔形〕有罪的, 有过错的

по́вод〔阳〕理由, 口实, 借口, 岔子

повора́чиваться〔未〕（不用一、二人称）〈转〉转变, 改变, 向另一个方面发展

повремени́ть〔完〕〈口〉(с чем 或接动词原形) 暂缓, 等一等, 等一下

повы́сить напряже́ние 增加压力、电压

повы́ситься〔完〕升高, （得到）提高

пого́да〔阴〕天气

погоди́ (подожди́)〈口〉请等一等

пого́ня〔阴〕за кем-чем（也用作集）追缉者, 追赶者

погуби́ть〔完〕кого́-что 危害, 毁坏

погуля́ть〔完〕散一会步, 逛逛, 溜达溜达

под медве́дя рабо́тает (притворя́ется медве́дем) 假装是一头熊

под сме́ртью ходи́ть (быть в сме́ртельной опа́сности) 有致命的危险, 身陷绝处

подари́ть〔完〕赠送, 送礼品

пода́ть〔完〕给

подвяза́ть зу́бы 把牙痛部位包起来（俄罗斯人的习惯: 牙疼时用毛巾等从下巴到头顶把牙痛部位包起, 使牙痛部位处于温暖中以减轻疼痛）

подгля́дывать〔未〕偷看, 窥视

подда́ться〔完〕〈口〉① 让步, 屈服 ② на что 听从（本影片中）献身

подели́ться〔完〕чем с кем〈转〉交谈, 倾吐（思想、情感等）

подле́ц〔阳〕下流货, 卑鄙家伙

по́длый〔形〕卑鄙的, 无耻的

подмели́ (съе́ли и́ли вы́пили)〈口〉打扫干净（吃光或者喝光）

подобра́ть〔完〕что, для кого́ 挑选, 筛选

подожда́ть〔完〕① 等一等, 等待（若干时间）② （接不定式或无补语）暂缓, 等等

подозри́тельный〔形〕令人怀疑的, 可疑的

подпи́сывать〔未〕что 签署, 签字, 具名

подраба́тывать〔未〕打工, （非主业地）挣外快

подро́бно〔副〕详细地

подро́бность〔阴〕详情, 细节

подслу́шивать〔完〕偷听到, 窃听到, 暗中听到

подстерега́ть〔未〕, подстере́чь〔完〕кого́-что （埋伏着）守候, 等待

подтверди́ть〔完〕, подтвержда́ть〔未〕что 证实, 重申, 肯定

подходи́ть〔未〕驶近, 挺进, 靠近

подходи́ть друг дру́гу 相互适宜, 相称, 合适

подходя́щий〔形〕〈口〉合适的, 〈俗〉不错的

подчинённые〔形〕（用做名词）属下, 被领导者

СЛОВАРЬ

подъезд〔阳〕（楼房的）楼口，单元

поелико мы зело = потому что мы очень...〈旧〉因为我们很……

пожалеть〔完〕кого 怜悯，怜惜

пожарник〔阳〕消防队员

пожарный〔形〕火灾的，失火的，消防的

позаботиться〔完〕, заботиться〔未〕о чём 照顾，关心，操心

позапрошлый〔形〕前，上上个，大上个（指年、月、日、星期等）

поздно〔副〕（很）晚，（很）迟，未及时地；（用作谓语）晚，晚了，迟了

поиграть〔完〕玩一会，奏一会（乐器）

поиск〔阳〕寻找，搜找，搜查，探索

пока〔副〕① 暂时，现在，趁……时候 ② 再见

показать〔完〕把……给……看，指给……看

покачать〔完〕摇摆一阵，摇晃一阵，荡一阵

поклоняться〔未〕кому-чему〈雅〉崇拜，景仰

покрепче〔副〕更加剧烈，更加强烈

покрывать〔未〕кого-что 把……遮盖上，笼罩

пол〔阳〕（室内的）地；地板

полегчать〔完〕减轻

полезно〔副〕有益处地

полезное изобретение 有用的发明

полёт〔阳〕飞，飞行

ползать〔未，不定向〕（定向：ползти）爬行

поликлиника〔阴〕分科诊所，门诊部

полквартиры исчезло 半个住宅消失了

положение〔中〕现状

положить〔完〕кого 把……放倒，放下：~ на алтарь искусства 献身于艺术

положиться〔完〕на кого 指望某人，寄望某人

поломка〔阴〕损坏

полочка (полка)〔阴〕小架子，小格子

полподъезда(половина подъезда) 一半人（部分人）

полсотни 五十

полустёртый〔形〕半磨损的

получать〔未〕кого-что 收到，领到，得到

получаться〔未〕结果，成功

полчаса〔阳〕半小时，半点钟

польза〔阴〕益处，好处，利益

пользоваться〔未〕чем 使用，运用，采用

полюбоваться〔完〕欣赏一会儿，观赏一会儿

померить〔完〕（或无补语）量一会儿，丈量一会儿

помнить〔未〕记得，记住

помолчать〔完〕沉默一会儿，有一阵不说话

понадобиться〔完〕需要

понимать〔未〕懂得，理解

понятие〔中〕概念

поодиночке〔副〕一个一个（地）

попадать〔未〕（忽然）走到，来到，出现，进入

попасть〔完〕① 打中，击中，命中 ② 来到，走到 ③ 陷入某种状况

попасться〔完〕① 落到，陷入，遭到 ② 落网，被捉住，被揭露 ③ 遇见

попёрлись (пошли) (попереться〔完〕过去时复数)〈俗〉往……瞎闯，向……冲去

попытаться〔完〕（接动词原形）企图，试图，想办法，作……打算

поражаться спокойствию 非常惊讶，惊异

порнография〔阴〕色情描写，色情文学，色情画

порог〔阳〕临近点

порода〔阴〕（动物的）种，品种

породистый〔形〕纯种的，良种的（指动物）

портрет〔阳〕肖像，画像

портсигар〔阳〕香烟盒，雪茄烟盒

поручение〔中〕委托，委托书

порядок〔阳〕方式，方法：В порядке исключения 作为例外

посадить〔完〕кого 把……关起来：~шишку 额上打出一个疙瘩来

посадить на кол (вид казни на Руси) 拴木桩（古代罗斯的一种刑法：将犯人放到水平放置的尖木桩上，再将木桩竖起来，有时直接把犯人放在竖放的木桩上，犯人最终被木桩穿透而死）

посадка〔阴〕栽种，种植

посиделки〔复〕座谈会

последний〔形〕最近的，最后的，仅存的

посмеяться〔完〕笑一笑，笑一阵

посол〔阳〕使者，大使

посольский приказ = ведомство иностранных дел〈旧〉外事部门命令，外事通报

посольство〔中〕大使馆

поставить в эфир 加入电台节目

постановка〔阴〕演出，（演出的）戏剧

постигать〔未〕кого-что 理解，了解

203

постоя́нно〔副〕经常地，不断

поступа́ть〔未〕①（如何）做，（如何）行事，搞，采取（某种）行动 ②（不用一、二人称）到达（某处），转（落）到（某处），进入（某种情形）

посту́пок〔阳〕行为，举动

потеря́ть〔完〕кого́-что 遗失，掉下，错过

потеря́ться〔完〕迷失，迷路

потихо́ньку〔副〕〈口〉不出声地，悄悄地

пото́м ①〔副〕以后，后来，随后 ②〔连〕（通常与и, а连用）〈口〉此外，而且，况且

пото́мок〔阳〕（只用复）〈雅〉后代

потре́бность〔阴〕要求，需求，消费

потряса́ющий〔形〕令人震惊的，了不起的

похме́лье〔中〕宿醉

похо́жий (похо́ж)〔形〕相似的，像……的

по́хоть〔阴〕性欲

похохота́ть〔完〕哈哈大笑一阵

похуде́ть〔完〕减肥

похулига́нить〈俗〉〔完〕耍流氓，搞无赖勾当

почётное зва́ние 荣誉称号，名誉职衔

почтальо́н〔阳〕邮递员

почте́ние〔中〕尊敬，恭敬，敬重

почти́〔副〕差不多，将近，大约

почу́диться〔完〕（不用第一人称）〈口〉好像

пошали́ть〔完〕调皮一阵，闹着玩玩

по́шлый〔形〕卑鄙的，低级的，庸俗的

пошто́ = за что, почему́〔副〕〈旧，方〉为什么

пощади́ть〔完〕, щади́ть〔未〕кого́-что 爱惜，吝惜，顾惜

появля́ться〔完〕出现，发生，产生

пра́вда〔阴〕真理，真话，实情，真相

предава́ться〔未〕, преда́ться〔完〕醉心于，沉浸在

преда́тельница〔阴〕女叛徒，女变节者

пре́дки〔复〕祖先，祖宗，先人

предме́т〔阳〕物体，物品，东西

предпочита́ть〔未〕, предпоче́сть〔完〕① кого́-что кому́-чему́ 认为……比……好，比较喜欢 ②（接动词原形）宁愿，宁肯

представи́тель обще́ственности 社会各界代表

предста́вить〔完〕①认清 ②介绍 ③想象

представля́ть〔未〕知道，想象

предупрежде́ние〔中〕预告，警告

презентова́ть〔完，未〕что кому́〈口，谑〉赠送

прекрати́ть па́нику 停止惊慌，停止丧魂落魄

прекраща́ть〔未〕(что 或接未完成体动词原形) 停止，终止，不再（做）

прелюбоде́й = развра́тный челове́к〔阳〕〈旧〉通奸者，私通者，好色的人

пре́мия〔阴〕奖金，奖品

премно́го благода́рен (большо́е спаси́бо)〔副〕〈旧〉非常感谢

пренебрега́ть〔未〕, пренебре́чь〔完〕кем-чем 忽视，轻视

преступле́ние〔中〕罪，罪行，犯法行为

прибега́ть〔未〕跑到

приближе́ние〔中〕接近，近似，亲近

привиде́ние〔中〕鬼魂，幻影，幽灵

при́вкус〔阳〕杂味，在原味道上还有其他的味道

привы́чный〔形〕（只用全）熟悉的，常见的

пригна́ть〔完〕кого́-что 驱赶，赶来

пригоди́тся〔完〕кому́ 对……有用，有益

приду́мывать〔完〕（或接不定式及补语从属句）（经考虑后）想出，找到

приёмник〔阳〕收音机，接收机，接收器

приземли́ться〔完〕落地，降落，着陆

признава́ться〔未〕в чём 承认

прика́з〔阳〕命令

приказа́ть〔完〕кому́（接动词原形）命令，指示，吩咐

приключе́ние〔中〕①（意想不到的）事故，（文艺作品中）离奇、曲折、惊险的情节 ②〔常用复数〕冒险事，历险

прико́льно (заба́вно)〔副〕可笑地，使人开心地；有趣地

примене́ние〔中〕应用

применя́ть〔未〕что к кому́-чему́ 使适合于……，使适应于……

приме́та〔阴〕迷信的预兆，兆头

принаряди́ться (наря́дно оде́ться)〔未〕〈口〉（把自己）打扮漂亮，穿戴漂亮服饰

принима́ть〔未〕①接受，收下，接住，受理 ②与名词连用表示该名词所指的意思

приноси́ть〔未〕кого́-что ①拿来，带来，送来，捎来 ②（也用作无）把……吹来；漂送来；~в

СЛОВАРЬ

жертву 把……作为祭品

принужде́ние〔中〕强制，强迫

приня́ть〔完〕, принима́ть〔未〕*что* ① 接受，接住，受理 ② 接纳 ③ 接见 ④ 误认为

приподнима́ть〔未〕, приподня́ть〔完〕〈口语〉*кого-что* 稍微抬（或提、举、掀等）起

приро́да〔阴〕自然界，（大）自然

при́став〔阳〕法庭执行人员，执法者，法警

пристава́ть〔未〕, приста́ть〔完〕*к кому* 〈口〉纠缠，烦扰

приступа́ть〔未〕*к чему* 开始，着手

прису́тствовать при истори́ческом собы́тии 亲临历史事件

притащи́ть〔完〕〈口〉拿来，带来

притворя́ться〔未〕假装，装成

приходи́ть〔未〕到达，来到

при́хоть〔阴〕任性的要求，刁钻古怪的愿望

причита́ть〔未〕哭诉

прише́лец, -льца〔阳〕外星人，天外来客

прия́тель〔阳〕（一般的）朋友，老熟人，很要好的人，老兄（对陌生人的亲昵招呼用语；对熟人的讽刺呼语）

прия́тельница〔阴〕女性朋友

про́бовать, -бую, -буешь〔未〕试，试验

пробужда́ться〔未〕（第一、二人称不用）〈转，雅〉发生，出现

провожа́ть〔未〕送别，送行，欢送

прогна́ть〔完〕（沿一定方向）驱赶

програ́мма〔阴〕节目（单）

програ́ммный〔形〕节目的

прода́ть〔完〕卖，出售，卖出，卖掉

прое́кт〔阳〕设计，设计方案

про́звище〔中〕绰号，外号

произноше́ние〔中〕发音，口音

произошло́ замыка́ние 发生了短路

прокля́тый〔形〕① 可恶的，万恶的，该死的 ②〈口〉讨厌的

проктоло́г〔阳〕〈医〉直肠病医生，直肠病学家

промча́ться〔完〕（第一、二人称不用）〈转，口〉飞逝，流逝

пронзи́ть〔完〕戳穿，刺穿，扎透：~ вре́мя (простра́нство) 穿越时（空）

прони́кнуть〔完〕, проника́ть〔未〕*во что* ① 透进，渗入，钻入，潜入 ②（排除困难）深入（某地）③〈旧〉*кого-что* 洞察，识破，看清：~ в суть веще́й 看清事物的本质

пропада́ть (исчеза́ть)〔未〕消失了，不见了，无影无踪了

пропа́сть про́падом (пропади́ оконча́тельно, поги́бни!)〈俗〉无影无踪，（彻底）完蛋，完全落空

проска́льзывать〔未〕, проскользну́ть〔完〕滑进，滑过

просла́вить〔完〕(*чем* 或无补语) 著名，驰名，因……而获得光荣

просну́ться〔完〕睡醒，醒来

про́сто〔副〕无缘无故地，无意中，随便地

простра́нственный〔形〕空间的

протере́ть дыру́ 在……身上穿个洞

протестова́ть〔完, 未〕(*只用作未*) *против чего*（提出）抗议，表示反对

проти́вный〔形〕〈语〉① 不好的 ② 不舒服的

профессиона́льная обя́занность 职业义务

про́филь〔阳〕专业，专业知识

проходи́ть сце́ну 演练剧本

проче́сть〔完〕*кого-что* 〈口〉读，念，看

прочь〔副〕① 离开，到一边去 ② 走开，滚开，去他的吧！

проши́ть〔完〕① 缝合，纳成 ② 做针线活

пря́талки (пря́тки)〔复〕捉迷藏

психиатри́чка (маши́на ско́рой психиатри́ческой по́мощи)〔阴〕〈口〉精神病院的救护车

пуга́ть〔未〕使害怕，骇，吓唬，恐吓

пуга́ться〔未〕害怕，恐惧，畏惧

пульт〔阳〕〈技〉操纵台

пункт〔阳〕（报告或文件中的）点，条，项

пусты́нный〔形〕(*只用全*) 荒无人烟的，荒凉的

пусты́ня〔阴〕沙漠，荒漠，荒无人烟的地方

пусть〔语气〕让，叫，听凭，但愿，祝（与动词现在时或完成体将来时的第三人称连用，构成第三人称命令式，表示祈使、命令、允许、同意、祝愿）

путь, 复 пути́〔阳〕道，道路，（交通）线路

пушо́к〔阳〕主要针对家猫的昵称

пуща́й = пусть〔语气, 连〕〈方〉让

пылесо́сить〔未〕〈口〉用吸尘器扫除，吸灰尘

205

пыта́ться〔未〕（接动词原形）企图，试图，想办法，作……打算
пья́ница〔阳，阴〕酒徒，酒鬼
пятно́〔中〕① 斑点，污点 ②〈转〉污点，耻辱

Р

ра́дио〔中，不变〕广播电台
ра́доваться〔未〕（感到）高兴，喜悦
ра́дость〔阴〕喜悦，快乐
разба́заривать (растра́чивать)〔未〕кого-что〈口，不赞〉浪费掉，胡乱花掉，挥霍掉，卖光
разбира́ться〔未〕① в чём 研究清楚 ② 确定
разби́ться, -бьётся〔完〕破碎
разбуди́ть〔完〕кого́ 叫醒，唤醒，使觉悟
ра́зве〔语气〕莫非，难道（用于疑问句中表示怀疑、惊异、反诘）
развести́〔完〕, разводи́ть〔未〕① кого́ 分别领到 ② кого́ 使分离 ③ кого́ 使离婚：~ супру́гов 使夫妇离婚 ④ что 分（或拉、推、拨……）开
разви́тие〔中〕кого-чего́ 发展，发育
развлека́ться〔未〕娱乐
разво́ды〔复〕分道扬镳
разгреба́ть〔未〕, разгрести́〔完〕耙地，收拾
разже́чь〔完〕, разжига́ть〔未〕使燃起来
размышля́ть〔未〕о ком-чём 沉思，深入考虑
разноси́ть〔未〕, разнести́〔完〕分送
разоде́тый〔形〕穿着华丽的
разойти́сь〔完〕（不用第一、二人称）逐渐散开（或消失），溶化，舒展开
разора́ться (раскрича́ться)〔完〕〈俗，不赞〉大喊大叫起来
разрабо́тка〔阴〕研究，分析，加工
разреша́ть〔未〕允许，批准
разува́ться〔未〕, разу́ться〔完〕脱鞋
ра́зум〔阳〕智慧，智能，理性，理智
разуме́ется（用作插）（常与само́ собо́й连用）当然，自然，不言而喻
разу́ть маши́ну (снять и укра́сть колёса) 卸下轮胎并将其偷走
разыска́ть〔完〕找到，寻得，搜索到
раке́тная устано́вка 火箭（或导弹）装置
раку́шка〔阴〕小贝壳，小外壳
ра́на〔阴〕伤，伤口

ра́но〔副〕早，初，清早
раска́пывать〔未〕, раскопа́ть〔完〕кого-что 掘开，发掘，掘出，挖宽
раскрыва́ть〔未〕кого-что 揭露，展现
распи́тие〔中〕〈口〉共同喝完
распусти́лись тут без меня́ 我不在这就都不听话，放肆起来了
рассе́янный〔形〕漫不经心的，心不在焉的
расстава́ться〔未〕分别，离别，分道扬镳
расстра́иваться〔未〕伤心，难过，心绪不佳
рассчита́ться〔完〕结算
расцве́т〔阳〕① 开花时期，人生中的好时光 ②〈转〉繁荣，兴盛，极盛（时期）
расшиби́ться〔完〕, расшиба́ться〔未〕〈口〉跌伤，碰伤（自己）
реа́льность〔阴〕客观实际，现实
рекла́мный〔形〕广告的
ремо́нт〔阳〕修理
ремонти́ровать〔未〕, отремонти́ровать〔完〕что 修理，维修
репертуа́р〔阳〕（剧院上演的）剧目，（歌舞团等上演的）节目
репети́ровать〔未〕排演，排练
репети́ция〔阴〕① 排演，排练，预演 ② 演习
реставра́ция〔阴〕修补（受损的艺术品等）
реставри́ровать〔完，未〕что 修复，修补（受损的古代艺术品），〈口〉修理
реструктуриза́ция〔阴〕改组，改结构
реша́ть〔未〕（接动词原形或补语从属句）决定，拿定主意
реше́ние〔中〕决定，决议
риск〔阳〕冒险，风险，冒险性，冒险行为
рискова́ть〔未〕кем-чем 冒……危险
ритуа́льная услу́га 送葬仪式
рога́ (рога́)〔复〕角
роди́мая (родна́я)〈旧，民诗〉〔用作名词，阴〕亲爱的
роди́нка〔阴〕胎记，痣
рота́ция〔阴〕换班
руга́тельный〔形〕骂人的
руга́ть〔未〕责骂，骂人，训人
рыба́лка〔阴〕〈口〉钓鱼，捕鱼
ры́царский о́рден 骑士勋章

рюмочка (рюмка)〔阴〕小酒杯，酒杯

рявкнуть (крикнуть)〔完，一次〕на кого〈转，俗〉大声呵斥

рядом〔副〕并排着，毗连，紧靠

С

с кондачка (несерьёзно, без понимания дела)〈口〉轻率地，不加考虑地

с тебя приходится (с тебя причитается, ты наш должник) 你是我们的债务人，你该我们的

сажать (в тюрьму) 将某人投入监狱，让……坐牢

салфетка〔阴〕餐巾

самка〔阴〕雌的，母的（指动物）

самовыражение〔中〕自我表现

самодержец〔阳〕〈旧，雅〉专制君主

самозванец〔阳〕冒名者，冒充的人

санкция соответствующих органов 相关部门的核准

сберегательная касса 储蓄所

сбылась мечта идиота (осуществилось давнее желание) 实现了长期的愿望

свадьба〔阴〕婚礼

сваливать〔未〕, сваливать〔未〕кого-что 推倒，砍倒，打死，〈转，口〉打倒，推翻

сварить〔完〕что 煮（好），熬（好），炖（好）

сварить в кипятке 在沸水中煮

свершиться〔完〕〈雅〉完成，实现

свечка, 复二 -чек〔阴〕蜡烛

свидание〔中〕会见，会晤，约会

свидетель〔阳〕见证人，目睹者

свидетельствовать〔未〕что 或 о чём 证实，作证

свинарник〔阳〕развести ~ 把房间弄得一团糟

свободный〔形〕① 自由的，独立自由的 ② 空位，空地，空房间

сволочь (отвратительный, дурной человек)〔阴〕〈俗，骂〉混蛋，流氓，败类，恶棍

связывать〔未〕① （用绳子等）捆（或绑）在一起 ② с кем-чем 或无补语 与……取得联系，联络，打交道

святой〔形〕〈雅〉神圣的，崇高的，至高无上的

сгинуть (пропасть, исчезнуть)〔完〕〈口〉失踪，消失

сдать〔完〕移交，交代

сдача〔阴〕找回的钱，找头

сдвинуть брови 皱眉

север〔阳〕北，北方，北边，北部

секрет〔阳〕秘密；чего 奥秘，秘诀，窍门

секретарь〔阳〕文书，秘书

середина〔阴〕当中（地点），（时间）中期

серия〔阴〕系列

сесть за докторскую диссертацию 坐下来写博士论文

Сет (в мифологии древних египтян бог пустыни, убийца Осириса) 塞特神 (Seth)（在古埃及神话中混乱、暴风雨、沙漠之神，暗杀兄长奥西里斯的恶人）

сжигать〔未〕кого-что 烧毁，折磨，使……不安

символ〔阳〕符号，象征

симпатичный〔形〕讨人喜欢的，可爱的

синоптик〔阳〕天气预报员

система〔阴〕系统，体系

ситуация〔阴〕形势，局势，情况，情节

скандал〔阳〕吵嘴，吵闹，打架闹事

скармливать〔未〕, скормить〔完〕что 让（牲口）吃掉（饲料），〈俗〉让吃完（食品）

сквозь〔前〕透过，通过

склад〔阳〕仓库，储藏库，库房，存储场

скользкий〔形〕滑的，打滑的

сколько душе угодно 想怎样就怎样

машина скорой помощи〔名〕〈口〉急救车，救护车，急救

скорость〔阴〕速度

скорый〔形〕① 快点，迅速的，用时不多的 ② 〈口〉行为快的

скотина〔阴〕畜生，牲畜，兽

скрывать〔未〕, скрыть〔完〕что от кого-чего 藏匿，抑制住，忍住（某种感情）

скульптура〔阴〕雕塑

скучать〔未〕① 寂寞，无聊 ② 想念，惦记

слабо〔副〕不好

слава〔阴〕名声，声望

слева〔副〕在左边，从左边

следом〔副〕接踵，紧跟着

следует〔未〕（接不定式）应该，应当

слониха〔阴〕母象

слуга〔阳〕仆人，仆役

служба〔阴〕чего 或 какая （工作中某一专门）部门，勤务

служе́бный〔形〕业务的，公务的，公职的

служи́вый люд = слу́жащие 职员

слу́чай〔阳〕① 事件，现象，病例 ② 场合，情况

случа́йно〔副〕偶然地

случа́ться〔未〕发生

слыха́л (слы́шал)〔未〕〈俗〉кого́-что 听见，听清

слы́шать〔未〕（或无补语）听见，听到，听（音乐会、演唱等）

сме́на〔阴〕（工作）班

смерд (устар) - крепостно́й крестья́нин〔阳〕（古罗斯时代的）农人，庄稼人，农奴

смердя́щий = пло́хо, отврати́тельно па́хнущий（смерде́ть〔未〕的主动形动词）发臭味的，有难闻气味的

сме́ртный прыщ = ничто́жный челове́к 无足轻重的人

ми́ловаться〔完〕над кем-чем〈旧〉宽恕，怜悯，发慈悲

смочи́ гу́бы (немно́го вы́пей)〈俗〉稍喝一点

снача́ла〔副〕起初，最初，起先

сне́жинки〔复〕小雪花儿

сни́зить показа́тели 降低指标、指数

снима́ть〔未〕кого-что 拿下，摘下，拆下

снима́ть с эфи́ра 从电台节目中删除

снял (ло́вко подстрели́л) 敏捷地打伤，射伤，击中

собира́ть〔未〕收集，搜集

собира́ться〔未〕① 准备好（行装），装备好（到某处去）②（接动词原形）打定主意（做某事）

соблазня́ть〔未〕(кого́, чем 或接动词原形) 诱惑，诱使，怂恿

со́бственный〔形〕归自己所有的，归自己使用的，自己特有的，属于自己的

сове́тник〔阳〕顾问，参事，参赞

сове́товать〔未〕(кому́-чему́ что 或接不定式) 建议，主张，劝告

сово́к〔阳〕簸箕，小铲

совсе́м〔副〕完全，十分

содоми́т〔阳〕鸡奸者，性交变态者

соизволе́ние = во́ля〔中〕〈公文，旧，现用作讽〉同意，恩准，首肯

сокро́вище〔中〕（常用复）财宝，珍宝，宝藏

со́лнце〔中〕太阳

сон〔阳〕梦，梦幻，幻想

сообща́ть кому́ что, о ком-чём 通知，告诉，报道，宣布

соотве́тствие〔中〕符合，依据

соси́ска, -сок〔阴〕肉制小灌肠

соску́читься〔完〕①（感到）寂寞，烦闷，厌倦 ②〈口〉怀念，想念

состоя́ние〔中〕状态，状况，情况

сотру́дник〔阳〕在一起工作的人，同事，助手

социа́льный〔形〕社会的

спаса́ть〔未〕, спасти́〔完〕кого́-что 拯救，抢救，使摆脱，防御（寒暑、风雨等）

спать〔未〕睡觉，〈转〉沉睡（没有动静）

специа́льный〔形〕专门学科的，专业的，专门的

специфи́ческий〔形〕特殊的，特别的，独特的

спива́ться〔未〕, спи́ться〔完〕〈口〉变成酒鬼

спина́〔阴〕脊背

спиртно́е〔中〕(用作名) 酒，酒类

спи́сывать〔未〕照抄

спла́чивать〔未〕кого́〈转〉使团结起来

споко́йствие〔中〕安静，安宁，宁谧

спо́нсор〔阳〕赞助者

спор〔阳〕争论，争吵，辩论

спотыка́ться〔未〕, споткну́ться〔完〕绊在……上（要跌倒）

спра́ва〔副〕右边，在右边，从右边

спра́виться〔完〕, справля́ться〔未〕(с чем 或无补语) 能胜任，办得到，对付得了

спрос〔阳〕需求

спря́тать〔完〕躲起来，收藏起来

спуска́ться〔未〕降，落，下来

спу́тница〔阴〕（女）同路人

спя́тить (сойти́ с ума́)〔完〕(常与 с ума́ 连用)〈俗〉发疯，疯狂

сра́зу〔副〕马上，立刻

сре́дство〔中〕办法，手段

срок〔阳〕期限

ста́вить〔未〕放置，做实验，给任务：~ о́пыты 进行实验

ста́лкивать〔未〕кого́-что 使相撞，使碰头，〈转〉使发生冲突

станда́рт〔阳〕标准

станда́ртный〔形〕标准的，合乎规格的

стару́ха〔阴〕老太婆，老妇人，老太太

степь〔阴〕草原

сте́рва〔阴〕〈俗、贬、骂〉卑鄙可憎的人，坏蛋

стерво́зный〔形〕卑鄙的，可憎的，恶劣的

СЛОВАРЬ

сти́рка〔阴〕洗涤，洗
столи́чный〔形〕首都的
стоматологи́ческая поликли́ника 口腔诊所
сто́рож〔阳〕看守人，守卫者
стратеги́ческий〔形〕有战略意义的
стресс, быть (находи́ться) в ~e 上火，心里紧张
стро́го-настро́го〔副〕极端严格地
сту́дия〔阴〕电影制片厂，电视制作中心
сту́кнуть〔完〕кого-что〈口语〉打，〈俗〉打死，打伤
ступа́й = иди́ 请走吧
ступа́ть〔未〕① 走，走到，步入 ② на что〈口〉(把重心落到脚或脚趾上) 走 ③ ступа́й(те) 走开
стуча́ть〔未〕敲打，叩击，碰撞（出声音）
суд〔阳〕法院，法庭，（用作集）法官（们）
суде́бный〔形〕司法的，诉讼的
суди́ть〔未〕кого 审判，审讯
судьба́〔阴〕命运
су́кин сын = сын соба́ки〈口语、不赞、骂〉狗娘养的，狗崽子
сунду́к〔阳〕（大）箱子
суперва́йзер (наблюда́тель, инспе́ктор) 监理（观察员，督察）
су́перско (здо́рово)〔副〕非常厉害，了不起
сущеглу́пый = о́чень глу́пый 愚笨、糊涂的
сфинкс〔阳〕斯芬克司（古埃及的狮身人面像）
схвати́ть〔完〕кого-что（急忙地）抓住，拿住
сходи́ть〔完〕走一趟，去一趟
счастли́вый〔形〕幸福的，有福气的
сы́паться〔未〕〈口〉①（散体物）散落，洒落 ②（散体物）四溅，散射
сыро́й〔形〕① 原油的 ② 生的
сыска́рь (сле́дователь)〔阳〕（法院的）侦查员
сэконо́мленный（сэконо́мить 的被动形动词）被节省的，被节约的
сюрпри́з〔阳〕惊喜，意外的礼物
та́йна〔阴〕秘诀
так〔副〕①（表示行为发式、方法）这样，那样，如此 ②（表示程度）这样，那样，如此
тако́в (тако́й)〔代〕这（那）样的，这（那）种的
там〔副〕（在）那里，〈口〉以后，随后，后来
тамбо́вский волк тебе́ боя́рин 出自成语 тамбо́вский волк тебе́ това́рищ 直译：唐波夫的狼才是你的同志，暗指说此话的人认为自己与对方不是志同道合的一路人，（本影片中）故意将това́рищ 换成боя́рин，暗指说话人认为自己不是对方所说的贵族（影片增加喜剧效果的手段）
та́пки〔复〕拖鞋
тара́щиться (смотре́ть широ́ко раскры́тыми глаза́ми) 睁大眼睛看，瞪圆眼睛看
тащи́ть〔未〕〔定向〕拉，拖，拽
твори́ться〔未〕〈口〉发生，出事
тво́рческий〔形〕有创意的，创造的，创新的
темни́ца〔阴〕〈雅或旧〉监狱
темпера́ментный〔形〕有血性的，热烈的
тень〔阴〕阴凉地方，僻静的地方
тео́рия〔阴〕理论
тепе́рь〔副〕现在，现时，目前
терза́ют сму́тные сомне́ния 疑虑，困惑，使人坐卧不宁（该电影上映后该词组用作固定用法）
те́рмин〔阳〕术语
теря́ть〔未〕кого-что 遗失，失落，错过
тётушка〔阴〕小姨，小姑姑，伯母，舅母
типа́ж〔阳〕〈电影〉类型演员
типи́чный〔形〕〈口〉地道的，不折不扣的
тиранноза́вр〈古生〉霸王龙
тогда́〔副〕那时候，当时
толма́ч неме́цкий = перево́дчик с неме́цкого языка́ 德语翻译 толма́ч〔阳〕〈古〉= перево́дчик
то́нко〔副〕薄地，微妙地
то́нус〔阳〕（肌体及其组织的）活动（或能力），生命力
торопи́ться〔未〕（接动词原形，с чем 或无补语）急忙地去（做某事），忙着（做某事）
тошни́ть〔无，未〕кого 恶心，反胃
транзи́сторы перегоре́ли 晶体管收音机烧坏了
трапе́зничать = до́лго и́ли роско́шно пирова́ть〔未〕〈谑〉长时间地参加豪华盛宴
тре́скаться〔未〕裂，爆出裂隙
тре́тьего дня = три дня наза́д 三天前
тре́щина〔阴〕裂口，裂缝，〈转〉裂痕
три́ллер〔阳〕趣味横生的侦探小说（或影片）
тро́гательно〔副〕动人地，令人感动地
тростни́к〔阳〕芦苇
тру́бы горя́т (похме́лье)〈口〉醉酒后遗症
трудова́я кни́жка 劳动手册

тупа́я (о́чень глу́пая)〔形〕〈转〉愚笨的（女人）
тут〔阳〕这里
ты чьих бу́дешь? = ты кто и отку́да? 你是谁？从哪来的？
ты́кать〔未〕что〈俗〉把……扎入，插入
ты́сяча〔数词，阴〕千，一千
тюрьма́〔阴〕监狱，监牢
тяжело́〔副〕吃力地，觉得发沉
тя́жко (тяжело́)（无，用作谓）= тяжело́（кому́ 或无补语）心里感到很沉重
тя́нет устро́ить сканда́л (о́чень хо́чется устро́ить сканда́л) 很想大闹一场
тяну́ть (ме́длить, не торопи́ться) 拖延，不要急于

У

у вас хара́ктер (вы челове́к с хара́ктером) 您是很有个性的人
убега́ть〔未〕飞速地跑去，逃走
убеди́ться〔完〕（或接连接词）确认，确信
увели́ перча́тки (укра́ли перча́тки)〈俗，谑〉偷走了手套
уве́рен〔形，短尾〕对……深信不疑
уво́ленный（уво́лить 的被动形动词）被免职的，被解雇的
увольня́ть〔未〕, уво́лить〔完〕кого́ 免职，解雇
увольня́ться〔未〕, уво́литься〔完〕离职，退休
увы́ мне = го́ре мне 我痛苦
угада́ть〔完〕, уга́дывать〔未〕что 猜到，猜中
угожда́ть〔未〕, угоди́ть〔完〕кому́-чему́ 或 на кого́-что 使满意，迎合，讨好，投……所好
угро́бил (уби́л)〈俗〉毁坏，弄坏，打死
удава́ться〔未〕, уда́ться〔完〕(用作无)（кому́ 接动词原形）得手，办得到
ударя́ть〔未〕, уда́рить〔完〕击中，打击
уде́рживать〔未〕кого́ 留住
удиви́тельный〔形〕惊奇的，令人惊讶的
удо́бства（常用复）(方便的) 设备，条件
удово́льствие〔中〕愉快，快感，高兴
уезжа́ть〔未〕（乘车、马）离开，远走他乡
у́жас〔阳〕非常害怕，吓呆，惊骇万分，胆战心惊；чего́〈转〉可怕的人（或物）
ужа́сное изве́стие 可怕的消息，令人痛苦的消息
узкопрофессиона́льный〔形〕专业面窄的，高精尖专业的

узнава́ть〔未〕кого́ 知道，认出
узо́р〔阳〕花纹，花样，图案
ука́з〔阳〕（国家最高机关的）命令
указа́ние〔中〕指出，指标
укра́денный（укра́сть〔完〕的被动形动词）被偷窃的，盗窃的
укра́сть〔完〕把东西偷走
умира́ть〔未〕〈口〉要死，奄奄一息，死去
умопомраче́ние〔中〕〈旧〉神经错乱
уни́зиться〔完〕, унижа́ться〔未〕弯腰，屈膝
уничтоже́ние〔中〕消灭，注销，作废
упако́вка〔阴〕包装
упако́вывать〔未〕что 包装好，打成包
упа́сть〔完〕跌落，下降，跌倒
упова́ть〔未〕на кого́-что〈书，常用作讽〉指望，期望
управле́ние〔中〕控制，操纵系统
урони́ть〔完〕（失手）使……掉落，碰落，撞落
усло́вия（常用复）条件，条款
устано́вка〔阴〕① 安装，装置 ② 规定
усто́йчивый〔形〕稳定的
устра́ивать〔未〕, устро́ить〔完〕кого́ 对……合适，使……满意
усыла́ть〔未〕кого́-что 打发走，派去（做某事）
утащи́ть〔完〕（用力）拉走，拖走，拽走，〈口〉拿走，带走，冲走
утомля́ть〔未〕кого́-что 使疲倦，使厌倦
уха́живать (за же́нщиной) 极力讨好，讨（女人）欢心，献殷勤，追逐（女人）
ухо́д〔阳〕① 照料，护理，侍弄 ② 走，离开 ③ 逃脱，逃出 ④ 退出，退职
у́хо〔中〕耳，耳朵，耳轮，听觉
учёт〔阳〕统计
учи́лище (вое́нное)〔中〕中等专业学校和高等学校
учини́ть〔完〕что〈口〉干出，搞出

Ф

фа́ктор〔阳〕因素，因子
фана́т〔阳〕〈口〉狂热者，迷恋于……的人
фанати́зм〔阳〕宗教狂热病，狂热，入迷
фарао́н〔阳〕法老（古埃及的皇帝及其尊号）
фарао́нша〔阴〕女法老

физиологи́ческий〔形〕生理的，身体的

физионо́мия〔阴〕〈口，转〉面貌，容貌，面目

фи́ник〔阳〕罗望子（指果实），产于南亚和热带非洲的一种植物

финн〔阳〕芬兰人

фи́рма〔阴〕商号，商行，公司，联合公司

флюс (назва́ния боле́зней зубо́в)〔阳〕〔医〕龈脓肿

фона́рь〔阳〕手电筒

форма́льность〔阴〕形式主义，形式化

форс-мажо́р 不可抗力

X

хала́т〔阳〕睡衣，睡袍，大褂

халту́ра (небре́жная и недобросо́вестная рабо́та)〔阴〕〈口〉潦草，粗制滥造，粗制滥造的产品

халту́рщик〔阳〕〈口〉敷衍塞责的人，潦草从事的人

хам〔阳〕〈蔑，骂〉无耻之徒，下流货

хан〔阳〕汗，可汗（古代突厥、蒙古等族最高统治者称号）

хва́статься〔未〕自吹，自夸，夸耀；〈口〉显摆显摆，（接不定式或连接词）吹牛

хворь = боле́знь〔阴〕〈俗〉疾病，病

хвост〔阳〕（动物的）尾巴，（物体或行进队伍的）尾部

хи́щница〔阴〕女盗匪，女掠夺者，女吸血鬼

хле́щет (мно́го пьёт спиртно́го)〈俗〉喝很多酒

хозя́йство〔中〕家当

холоди́льник〔阳〕冷藏器，冰箱，冰柜

холо́п (устар) раб, крепостно́й слуга́〔阳〕①（古罗斯的）奴隶，农奴，奴仆 ②〈转，蔑〉奴才

хоро́мы = дом, строе́ние〔复〕〈旧，现用作讽〉（非常宽敞的）大房子

хороня́ка = трус, кто хоро́нится, пря́чется〈俗〉胆小鬼，躲躲藏藏的人

хоте́нье = жела́ние〔中〕〈口〉愿望

хромосо́ма〔生〕染色体

хронопатру́льный〔形〕时间巡逻的

хроноска́ф (маши́на вре́мени и космолёт одновре́менно)〔阳〕时间器，航空器

хру́пкий〔形〕脆弱的，易断的

хру́пкость〔阴〕脆弱，易断

хулига́н〔阳〕〈蔑〉流氓，无赖

хулига́нить〔完〕〈口〉或〈俗〉要流氓，搞无赖

Ц

цари́ца〔阴〕皇后，王后

ца́рство〔中〕〈旧〉王国，帝国

це́лый〔形〕完整的，完全的，原封未动的

цены́ нет чему́-кому́ ① 非常昂贵 ② 无价之宝

цивилиза́ция〔阴〕文明

цивилизо́ванный〔形〕文明的

цуна́ми〔中，不变〕海啸，地震海啸

цыц! (ти́хо!)〔感〕〈俗〉嘘（表示禁止、制止）

Ч

части́ца〔阴〕一小部分，一点点儿，少量，少许

чей-нибу́дь〔代〕属于某个人的

челоби́тная (устар) = про́сьба, жа́лоба〔阴〕（古罗斯的）禀帖，呈文，呈子，请求书

чемода́н〔阳〕手提箱，（行李）箱

червлёный = кра́сный〔形〕〈旧〉深红色的

червь〔阳〕蠕形动物，蠕虫〈转，骂〉窝囊废，无能的人

черда́к〔阳〕顶间，顶层阁楼

черепа́ха〔阴〕〈动〉乌龟

черепо́к〔阳〕碎片儿

чёрствый〔形〕冷酷的

чёрт его́ зна́ет (никто́ не зна́ет) 鬼才知道！

че́стно〔形〕诚实地，老实地，正当地

честь〔阴〕荣誉，诚实

чини́ть〔未〕что 修补

чистоплю́й (брезгли́вый челове́к)〔阳〕〈口，不赞〉有洁癖的人，干净过分的人

чистосерде́чно призна́ться 坦白承认，认罪坦白

чтоб ду́ху их здесь не́ было (что́бы они́ ушли́, исче́зли отсю́да) 为了让他们从这消失

чу́вствовать〔未〕（生理上或心理上）感觉，觉得，感到

чу́до, 复 чудеса́〔中〕① 神奇的事 ② чего́ 奇迹 ③（只用单）令人惊奇的人，惊人的东西（或事）

чудеса́ те́хники 技术奇迹

чудо́вище〔中〕①（巨大的）怪物，巨兽 ②〈转〉丑八怪（指人、动物）③〈转，书〉恶魔，凶残的人

чужезе́мцы〔复〕外侨，外国人

чужо́й〔形〕陌生人的，其他的
чу́точку〔副〕一点点
чуть〔副〕几乎

Ш

шака́л〔阳〕胡狼，豺
шали́ть〔未〕淘气，顽皮，胡闹
шар〔阳〕球
ша́рик〔阳〕小球
ша́стать〔未〕走
шашлы́к〔阳〕烤羊肉（牛肉、猪肉）串
шве́ды〔复〕瑞典人
шве́йная маши́нка 缝纫机
шевели́ть〔未〕① （触及）使微微动弹，（风）吹动，拂动 ② 〈口〉（慢慢）翻动，搅动
шелкови́стый〔形〕（外观及手感）像丝（绸、缎）一般的，柔软而光滑的，又软又亮的
шёпот〔阳〕耳语
шепта́ть〔未〕耳语，低声交谈
шерсть〔阴〕①（哺乳动物的）毛，兽毛 ②〈口〉（人体上浓密的）毛发
шеф〔阳〕首席记者
ше́я〔阴〕颈，脖子
ши́шка〔阴〕瘤，包，疙瘩
шлюз〔阳〕船闸
шля́па〔阴〕〈转，口，蔑〉窝囊废，无能的人
шлях〔阳〕（乌克兰和俄罗斯南部被车马轧出来的）道路，大道
шокола́д〔阳〕巧克力，可可饮料
шпио́н〔阳〕间谍，奸细，特务
штаны́〔复〕裤子，短裤
штрафно́й〔形〕罚款的
шту́ка〔阴〕〈口，谑〉东西，玩艺儿，家伙

шу́ба〔阴〕毛皮大衣，皮袄，〈转〉雪被，植被
шуру́п〔阳〕木螺丁，小螺钉

Щ

щено́к〔阳〕小狗儿，狗崽子，幼狐，狼崽子
щу́чий (щу́ка)〔形〕狗鱼的，捕狗鱼的

Э

э́дак (так)〈口语〉= э́так ①〔副〕如此，像这样 ②（用作插）大约，大概
эконо́мить〔未〕节省，节约
экспона́т〔阳〕陈列品，展品，〈转，口，谑〉古董
экстраордина́рный〔形〕特别的，离奇的
элега́нтный〔形〕〈书〉雅致的，优美的，文雅的
электри́ческая〔形，阴〕① 电的 ② 发电的，电动的，电力的
электри́чество〔中〕① 电 ② 电力，电气
эли́та〔阴〕精英，精华，杰出代表
эне́ргия〔阴〕能，能量，动力
э́то исключено́ (э́то невозмо́жно)〈口〉这是不可能，不允许的
э́то отпада́ет 这是不可能，不允许的
эфи́р〔阳〕电台

Я

я́вка〔阴〕① 出现，到来，出席 ② 秘密接头处，秘密接头，接头暗号
явля́ться〔未〕出现，发生，产生
яи́чница〔阴〕煎（荷包）蛋
я́кобы ①〔连，说明〕〈书，旧〉仿佛，似乎 ②〈语〉好像是
я́сно〔副〕明亮地

使用本教材，请下载
配套观影材料、教学课件、练习答案

网址下载：

http://dwz.cn/a74Y4

- 请注意网址字母大小写
- 解压密码：puprussian

扫描二维码下载：

任课教师，可通过填写下方的"教师联系表"，加盖所在系（院）公章，以电子版附件或纸质邮寄的方式，联系北京大学出版社，<u>免费获取以上教学材料的光盘</u>：

教师联系表

教材名称	《影视俄语视听教程》			
姓名：	职务：	职称：		邮编：
通信地址：				
手机：	Email：	QQ：		微博：
任职学校：			院/系（章）	
学校地址：				
教学科目与年级：				班级人数：

电子版可发送至：pup_russian@163.com
纸质邮寄至：北京市海淀区成府路205号 北京大学出版社外语编辑部
邮编：100871
咨询电话：010-62759634